平靜的第一堂課
觀呼吸

德寶法師 Bhante Henepola Gunaratana◎著
賴隆彥◎譯

Mindfulness in Plain English

目錄

〔推薦序〕

邁向全新的生命經驗

陳定南

中央研究院歐美研究所副研究員王玉葉女士，今年（二〇〇三年）三月間來函建議本部在監所推廣「內觀十日」的禪修活動，以增進教化功能。日前又有機會先睹《平靜的第一堂課——觀呼吸》一書原稿，更清楚了解「內觀」的精神所在。

內觀禪修是一種細緻的心理活動，教導人以全新的觀點，去體會這個世界，甚至要人忘掉理論，偏見與陳規，不必一味接受他人之解釋，一切用「親自見證」來作爲。「親自見證」正是一種挑戰，一種自信的展現。禪修的過程本是不折不扣的挑戰，也絕對需要自信。這本書告訴你將遇到的，也提供你修練應對的方法，平實而眞切，這是我讀完本書第一個感覺。

首先必須肯定作者以深入淺出的筆法，爲我們開啓迷悟。或許很多人有一錯誤觀念，認爲只要寫到「禪」、講到「禪」，必定如打偈語，如猜啞謎，非「悟性」高之人難窺其妙，此一成見，使很多人不得其門而入，的確可惜。但這本書告訴你內觀禪修是一段值得探索的旅程，至於如何繼續，能獲得什麼，那就完全取決於你自己。「師父引進門，修行看個人」，這本書不是暢論學理，而是引導實踐。

一個人終其一生的努力，泰半是爲了對抗勢不可擋，且如影隨形的苦厄。相信每個人都努力過，甚至也曾得到過寧靜幸福的感覺，只是它們來得快，消逝得也快。德寶法師要大家去追求另一種視野，一個完全不同的世界觀。那是一個有趣的看待世界的方式，重要的是它是可以學會的技巧。用一種全新的觀點來生活——「你做一個人應該做的事，但是卻不讓自己受到欲望的迷惑與壓迫；你可以想要某些東西，但是卻不需要追著它跑……」這種修行雖然很難，但是困難總比不可能要好。「寶劍鋒從磨礪出，梅花香自苦寒來」，禪修當然難，除了時間、精力的投入，更需要勇氣、決心與魄力，何況還要對抗平常你不喜歡或想盡辦法要逃避的個人特質，當然困難。

有困難，亦必有坦途，本書是一本簡明禪修的自學手冊，沒有高懸目標，不要誤陷迷障，用正確的態度，從專注於呼吸開始練習；學習明智而審愼地使用身體；在呼吸的觀察裡，避免昏沈與思考；規畫好禪修時機，也要懂得忍耐自律；將麻煩視爲機會，培養處理問題的能力；選擇一個適合自己禪定的方法來克服分心，作者並且期許大家開發慈心，滋養讓人心本有的種子，直到慈的力量綻放爲止。

爲了讓欲一窺禪修之人「掃蕩神經網路內的渣滓」，德寶法師告訴我們許多對禪修常見的誤解，尤其一般人更有「禪修是聖賢所爲，不適合一般人」的誤解。其實古有所謂三不朽——「立德、立功、立言」之說，亦可破此誤解。「立德」列於首，並非標榜道德自然高超，乃因道德具一般性與普遍性，官、民亦可修德，貧富皆能行善；而禪修乃衆生平等，無分賢愚貴賤，禪修要的是有心人。作者告訴我們禪修不是「離塵絕俗」，純然天性，直指本心，禪修正是踏實自己的根本。

品嘗字句，如師長之懇切叮嚀，如父母之溫婉良善，皆似勵志金言、慰藉之語。如「我們應該把為我們指出缺點的人，看成為我們挖掘寶藏的人」、「別期待速成的幸福，攀爬階梯也需要付出時間、精力與耐心」、「不要為你自己設定遙不可及的目標，對你自己溫柔一點」、「不要逼迫你自己強忍疼痛打坐，只為了對別人說你已經坐了一個小時」，類此溫馨之言，俯拾即是，對讀者而言憑添信心與助力，若因之而體會禪修堂奧，作者之文字用心大矣！

禪修要成功，作者也不忘提醒須先有「不要有所期待」的態度。堅持不達目的，絕不罷休之心態，已遠禪修心境；唯去我執，才能自在自由。桃花源之所以復尋未果，乃因好事漁人處處作誌，太守又遣人依誌而尋，機心強求，終不可得，寓意自明；梁啓超先生亦有讀書趣味乃在「無所爲而爲」之態度上。沒有目的就是目的，非關偈語，禪修的確需要這般。

案前一書，就如良師在側，點迷津，引方向，循循善誘，諄諄教誨，它告訴禪修者如何練習對自己百分之百誠實，苦口婆心！唯要人「誠實」眞難，好逸惡勞本天性，趨吉避凶亦自然，忠言又常左耳進，右耳出，良藥也多入不了口。從練習對自己誠實開始，的確眞切！雖不敢斷言此書必能啓悟後生，點化頑石，但卻處處透著它的謙卑含蓄，它的字句平易貼心，它的提醒溫柔敦寬；提供的練習之道，素樸簡單；而目標也眞切平實——遵守正道而達到快樂。相信依其所示修習正念的技巧，必有助於你增強定力。

愛書人最大的喜悅是巧遇好書，先睹已是快意十足，而讀本書卻另有一種沈靜怡然之自得，如飲佳茗，喉深韻味，久化不去。本人涉獵宗教典籍不多，但印證古人誠意、正心、修身之道，以及定靜安慮得的體會，卻頗多相互闡發之處，如藉此書因緣，使你邁向一個全新的生命經驗，那是值得恭喜的。介紹此書，一大樂事，如種綠苗，蒼翠已可預見。

（本文作者為前法務部長）

〔推薦序〕

內觀——組織管理的藝術

盧普・鳩諦（Roop Joyti）

內觀是許多事情的藝術。首先，內觀是生活的藝術。如何生活得快樂而和諧？如何在生活中保持平等心？人生不如意事十常八九，就算我們享有豐盛的物資，我們的願望依舊無法全部實現。我們或許自認早就懂得這番道理，但是當外境的考驗來臨時，我們卻仍受情緒所控制，因而失去心的平衡。我們屈服於貪欲及瞋念之下，成為心的奴隸，並因此受苦。因此，我們必須成為心的主人。我們應該降伏我們的情緒，保持平等心。內觀使這些成為可能。內觀使我們得以過著快樂、和諧與安詳的生活。

內觀讓我們保持平靜安詳

每一個生命都有盡頭，這是自然的定律，每個人都如此，沒有人例外。當快樂的生命結束時，要在安詳平靜中逝去，而不是充滿悲慘與痛苦。內觀讓我們能夠平靜而有尊嚴地死去。如果一個人在活著的時候，能夠了解無常，能夠對貪欲及瞋念保持警覺，能夠遠離執著，那麼在死亡的時刻，也必定能夠如此。畢竟，我們最大的執著在於我們本身，以及我們的生命。所以，我們只要學會遠離這些執著，在死亡時便可以平靜而安詳，不會悲慘和痛苦。所以，內觀也是死亡的藝術。

我的父親摩尼哈夏．鳩諦（Maniharsha Joyti），在一九九二年七月發現患有肺癌，並於一九九三年一月過世。我有機會在他生命的最終階段，非常親近地觀察他。他是很認眞的內觀修行者，在治療過程中，每當遇到挫折，內觀都能使他的心重獲平衡，讓他保持平靜安詳。在他最後一趟的曼谷之行，我們帶他去做化學治療，他知道他所剩下的時間十分有限了。藉由內觀的幫助，他放下對生命的執著，因此在生命最後的幾天裡，他非常的平靜。就像水分蒸發於無形，他的去世也不起漣漪。直到最後一刻，他都保持平靜安詳，沒有痛苦。看著他安詳地去世，我們圍繞在旁，也能保持平靜安詳。雖然，他的去世對我們而言是一件多麼不幸的事情。這啓發了我們，「原來正法的保護是這樣！正法並不是去避免老、病、死這些遲早會發生的事情，正法是給予我們內在的力量，用寧靜而平等的心來面對這些狀況，而不被痛苦所吞沒。」

內觀教我們不起煩惱

內觀不只是生和死的藝術，還有更多。內觀與每一個人都有關，不論是哪一種人、哪個社會階層、哪一種人間活動。內觀也與企業界有關、與貿易及商業有關、與製造業有關，也與經濟活動有關。

內觀教導人們如何平靜地處理生命中的起起伏伏。如果從事貿易業，商品價格時有高低。如果從事製造業，則會面臨種種問題與不確定性，例如生產問題、勞工問題、原料問題、市場問題、財務問題……等等，不勝枚舉的問題。從事企業活動，也總是會有種種問題、種種不確定性，總是有起有落；我們希望銷售量增加，它卻偏偏減少；我們希望利率降低，它卻偏偏提高；我們希望利率下滑，它卻上揚；我們希望商品成本壓低，它卻抬高。我們能夠平靜地面對這些情境嗎？可以，只要我們修習內觀，並應用在日常生活上。

內觀教導我們如何在生命中不起煩惱。企業管理涉及與人打交道，好的人、不好的人，各式各樣的人。有些人舉止合度，有些則否。有些人是好客戶，有些不是。有些員工服從指示，有些並不。在種種不確定性所組成的迷陣中，有一件事是確定的——我們不能選擇我們接觸的人。不管我們是否喜歡自己的上司、自己的部屬，不管我們是否喜歡自己的工作環境，是否喜歡這份工作，我們都沒有任何立即可做的選擇。此時心煩意亂，有幫助嗎？沒有。心煩意亂只會讓事情更糟，不僅對自己如此，對我們身邊的人，也是如此。但是我們卻常常心煩意亂，除非我們學過內觀，並且持之以恆地練習。

內觀教導我們如何不對外境的刺激產生習性的反應。好端端的會議，變成競相叫罵；和善的客戶，忽然動怒；員工不聽指示；工人提出不可行、不切實際的要求；老闆交下不合理、不可行的任務。我們是不是因此受到刺激，而習慣地以一頓脾氣反應？我們通常就是如此，而使事情變得更糟，不利於自己，也不利於他人。除非我們修習內觀，學會觀察自身的感受，體會內在自然的生滅震動，（使心平靜）情況才會改變。

內觀使你懂得處理生命中的各種問題

內觀讓我們有能力可以沉著、平靜且平穩地處理生命中的各種環境。而比起生命中的其他層面，這樣的能力在企業組織中，尤其有用、尤其適用，也尤其重要。

身爲一位企業家，我做決定時會考慮成本效益及交換條件。當我們只有有限的金錢，必須決定用在何處時，我們會精打細算，用在何處利益最大，甚至能節省未來的花費。同樣地，當我們的時間有限時，我們也必須精打細算，把時間用在何處利益最大，甚至能在未來爲我們節省時間。我從內觀已經得到許多實際的利益。我不會輕易煩亂、惱恨或動氣。就算有，也是很少而且短暫的。所以我不會在這類事情上浪費時間。如果我在某些事情上猶豫不決，「戒律」及「正法」會爲我指點明路。我對於自己該負的責任，更加清楚了。我成爲更有效率的經理人。當我們能平心靜氣地告訴他人錯在何處以及應如何更正時，是要比怒目叫罵，容易讓人接受，不管是對員工或是對小孩，都是如此。親身體驗到這些好處，雖然我的時間永遠不夠用，我總是會撥出時間修習內觀。

內觀是如何發揮助益的呢？內觀幫助我們駕馭自己的心。追根究柢，所有的痛苦都源自失控的心。我們想要這個，想要那個；我們不想要這個，不想要那個；我們渴望事情這樣，渴望事情不要那樣，諸如此類，沒完沒了。反覆不斷，我們因而受苦，我們煩亂，我們惱怒，變得悲慘痛苦。如果我們能夠成爲心的主人，不再受心的奴役，這一切都得以改變。不管發生什麼事，我們都可以保持快樂、鎮定和平靜。內觀幫助我們去除心中的不淨。我們的自我不斷增長：整整一輩子，我們不斷累積憂懼、氣惱、怨懟、瞋恨、貪欲，但是我們從來沒有學會如何擺脫，如何根除它們。我們懂得如何清洗自己的身體，卻不懂得如何清淨自己的內心。內觀教導我們如何淨化我們的心，如何保持心的清淨純潔。

從一些企業的經驗顯示，把內觀介紹給組織內的成員，可以改善組織氣氛、合作態度、工作紀律以及人際和諧。管理階層在面對經營的不確定性時，變得更有耐心；在處理問題員工時，也變得較爲寬容。員工階層變得更有紀律，更能完成任務，即使是從事單調重複的例行工作亦然。看到了內觀的好處，許多企業及非營利組織都開始讓員工支薪休假，參加內觀課程。有些把內觀當做訓練課程，有些把內觀納入人力資源發展計畫，有些則把內觀當成員工福利。內觀減少了對立抗爭的事，並避免不必要的衝突。畢竟，內觀使個人活得快樂，而快樂的個人則組成了快樂的組織。員工感謝雇主給他們機會修習內觀，雇主則收到生產力以及工作士氣提高的回報。

內觀教你更能前瞻行動

內觀教導我們如何承擔責任而不產生執著。內觀並不會使我們變得冷漠，而是使我們更加清楚自己的責任。內觀訓練我們不做身不由己的反應，而是適當地前瞻行動。內觀並不會使我們毫無企圖心，而是讓我們更有才略。內觀讓我們有力量堅持正確的行動，讓我們更有耐心、更有毅力。

內觀教導我們如何忍一時之痛，獲長期之益。我們也許爲組織竭盡一己之力，但結果卻不如所願。我們是不是因此感到煩亂、不平、惱恨、失望、挫敗？如果是，我們已經產生了執著；如果不是，我們會不厭倦地繼續努力，不放棄地尋找更合宜的辦法，不斷尋求更適當的方式。如此一來，我們學會更成功地完成自己的責任。內觀使我們能夠做到這些，因爲內觀讓我們覺察到內在的自我。藉著內觀，我們得以去除負面情緒，淨化自己的心，而依循正法的清淨心，所做的一定是正確的決定，正確的行動。

內觀是「壓力管理」的藝術，內觀是「人事管理」的藝術，內觀也是「衝突管理」的藝術。有關管理的科學也許還有很多，而內觀幾乎可以說是「全面組織管理」的藝術。

（本文作者為尼泊爾工商鉅子，
文章由內觀教育基金會提供，林崇安教授翻譯）

〔推薦序〕

內觀的法流

林崇安

約在西元前五三一年的一天清晨，悉達多太子在印度的菩提樹下，看清了自己身心的實相，滅除無明而成佛了。從此，釋迦牟尼佛便在印度開始教導內觀的法門——往內觀察自己當下的身心實相，看清身心現象的無常、苦、空、無我，不再執著身心為「我」而滅除煩惱和痛苦。在釋迦牟尼佛的指導下，成千上萬的弟子們依此內觀法門得道證果，滅除了煩惱，過著安詳自在的生活。

南傳佛教的法流

佛陀入滅以後，到了西元前二五四年左右，阿育王派遣弘法者往印度四周的國家弘揚佛法，因而內觀法門也傳到了錫蘭（今斯里蘭卡）、緬甸、迦濕彌羅（今喀什米爾）等地區，也利益了當地的群眾。此中，傳往錫蘭、緬甸以及寮國、泰國等地區的佛法，形成今日的「南傳佛教」。

至於印度本土，經過長期的變動，佛教內部也形成許多不同的部派，到了西元三五〇年左右，無著菩薩編集《瑜伽師地論》一百卷，此中保留了內觀法門的許多重要資料。從這一時期開始，唯識宗的觀修法門也開始興起，到了西元六〇〇年又有密宗的修行法門在印度傳播開來，相形之下，能指導原始的內觀法門的人就愈來愈少了。到了西元一二〇〇年，受到回教軍隊的侵入，整個印度佛教全面式微了。

約西元一五〇年起，佛教開始傳到中國，初期的譯師們也將內觀法門傳了進來，所修的以「觀呼吸」爲主要的入門方法，由於被誤解爲是「小乘」，因而在漢地難以盛行。到了西元六四八年，玄奘法師將《瑜伽師地論》從梵文翻譯成漢文，此中的〈聲聞地〉詳細敘述禪修者（瑜伽師）如何準備修行的資糧、如何安住所緣、如何達到心一境性、如何以六事（義、事、相、品、時、理）來修內觀（毗婆舍那）、如何去除禪修的障礙（五蓋等），這些都有完整而詳細的解說。但是能依照所述的內觀法門來指導的禪師畢竟不可得，因此，雖有很好的教材，但是長久以來都被束之高閣，到了民國初年，此論又被重視，但也只限於學術上的義理探討而已。

內觀在台灣

另一方面，南傳到泰國、緬甸、錫蘭的內觀法門，在西元一九八九年起，透過翻譯和出版，在台灣開始受到注意。最初出版的是南傳大師的法語和傳記，例如，阿姜查的《我們眞正的歸宿》、《以法爲贈禮》、《森林裡的一棵樹》、《靜止的流水》，佛使比丘的《菩提樹的心木》、《人類手冊》，以及摩訶布瓦的《尊者阿迦曼傳》等等。這些譯著的通行，使國內學佛者發現竟有一種「新」而實用的禪修方法，可以使佛法與生活結合起來：只要在日常生活中時時觀照自己當下的身心，在行住坐臥中時時保持正念正知，便可以過得安詳自在，而非採用一般習見的消災、拜懺、加持、求神保佑的方式。這些譯著促使不同背景的學佛者往泰國、緬甸等地區去參加內觀禪修營，並學習不同傳承下的內觀法門。

就我而言，我是看到葛印卡老師的英文內觀資料後，在一九九五年二月去尼泊爾參加十日內觀禪修營，禪修時閉起眼睛，全神貫注於「觀察呼吸」而後「觀察感受」，十日下來，覺得這是一個很好的靜態內觀法門，所以，當年八月便邀請老師，借用中壢圓光佛學院校本部舉辦了台灣第一期的十日內觀課程，共有二二〇位學員參加，此後一期接著一期，連續三年借用不同的寺院舉辦了五十多期的內觀課程，一直到在台中縣新社鄉有了穩定的場所，其後由其他熱心的學員接辦下去。

我個人則一方面回到阿含義理與各家內觀法門的研究，以釐清內觀的原始面貌，一方面學習動態的內觀法門（正念動中禪），期使視野廣些。此時，南傳大師們的法語、開示譯本更多了；不同傳承系統下的南傳內觀老師，例如帕奧禪師（一九九八）、戒諦臘禪師（二〇〇二）等，也陸續接受不同單位的邀請來台親自指導，參加的學員也非常踴躍。禪師們所指導的內容也呈現出靜態和動態內觀的多種方法，各有其特色，可以讓禪修的學員們在修行中看清自己的盲點並得到提升。

靜態內觀與動態內觀

什麼是靜態和動態的內觀呢？此處所說的靜態內觀，是指禪修時保持肢體不動，閉起眼睛，全神貫注於身上一點，進而觀察感受與心念。動態的內觀，則是眼耳自然地開放，內心輕鬆地一直覺知自己當下的肢體動作：以經行（或稱行禪）爲例，經行時輕鬆地來回行走，一直覺知自己當下腳的移動；以觀察呼吸爲例，則是輕鬆地一直覺知當下自己呼吸的進出而不專注於一點。如此訓練久了，在行住坐臥中，可以培養出持續不斷的正念，進而看清感受和念頭，不再捲入煩惱中。

如果回到釋迦牟尼佛在《阿含經》中的教導，可以看出佛弟子們從早到晚都是以經行和晏坐來淨化內心，而整個禪修的核心基礎（資糧）是「戒律儀」、「根律儀」、「於食知量」、「初夜、後夜常勤修習覺寤瑜伽」、「正知而住」——這種核心的訓練便是使佛弟子們在動靜中，時時內觀，時時活在當下，使生活和禪修融合爲一。

德寶法師的禪修法門，是從靜態走向動態內觀的好方法

今日所有內觀的法門，開始所用的技巧雖然有所不同，但是後面的階段必然是在行住坐臥中，內心輕鬆而開敞，保持正念正知，時時往內觀照，看清當下的自己，不再執著身心爲「我」，以覺醒而智慧的心去面對起伏的人生。能夠這樣，就和當年的佛弟子們走在相同的道路上，也唯有這樣才能抵達相同的涅槃城——進入苦的完全止息。

許多肺腑之言，可以從德寶法師的《平靜的第一堂課——觀呼吸》這本經驗之作中得到。德寶法師的禪修法門，是從靜態內觀走向動態內觀的一個很好的方法，他提醒學員們：

「禪修中最重要的時刻，是你離開坐墊的那一瞬間。」

「禪修是正念的開發，以及對於所開發出來正念加以運用。你不一定要坐著修禪，你可以在洗盤子的時候修禪，也可以在洗澡、溜冰或寫信時修禪。」（見本書第十五章）

願所有的人都能有內觀禪修的體驗，並應用在日常生活當中！

（本文作者為國立中央大學太空科學研究所退休教授，
現於圓光佛研所、法光佛研所兼課，並為大溪內觀教育禪林負責人）

〔作者簡介〕

德寶法師

德寶法師（Henepola Gunaratana，音譯：希尼波拉．賈那拉達那），十二歲時在斯里蘭卡的瑪蘭德尼雅（Malandeniya）剃度出家，成爲佛教僧侶。於一九四七年二十歲時，在康提（Kandy）受具足戒①。他畢業於昆巴哈（Gumpaha）的維迪雅錫卡拉（Vidyasekhara）專科學校、凱拉尼雅（Kelaniya）的維迪雅蘭卡拉（Vidyalankara）學院，以及可倫坡（Colombo）的佛教弘法學院（Buddhist Missionary College）。接著，他到印度旅行五年，爲摩訶菩提協會（Mahabodhi Society）進行弘法的工作，服務桑吉（Sanchi）、德里（Delhi）與孟買（Bombay）的賤民（Harijana，即印度社會地位最低的「不可碰觸階級」）。之後，他又花了十年在馬來西亞弘法，擔任佛教協會（Sasana Abhivurdhiwardhana Society）與馬來西亞佛教青年會（Buddhist Youth Federation of Malaysia）的宗教顧問。他曾在吉松迪爾學校（Kishon Dial School）與寺路女子學校（Temple Road Girls' School）教書，並曾擔任庫拉倫布爾佛學院（Buddhist Institute of Kuala Lumpur）院長。

在塞瓦迦佛學會（Sasana Sevaka Society）的邀請下，他於一九六八年到了美國，擔任華盛頓佛寺協會（Buddhist Vihara Society of Washington, D.C.）的主任秘書。一九八〇年，他被任命爲該協會的會長。在一九六八到一九八八年任職佛寺協會期間，他除了教導佛法課程之外，還指導禪修閉關，並到世界各地巡迴演講，足跡遍及美國、加拿大、歐洲、澳洲、紐西蘭、非洲與亞洲等地。此外，從一九七三到一九八八年間，德寶法師曾經擔任美國大學（American University）的佛教弘法師。

他在學術研究上取得了美國大學的哲學博士學位，曾經分別在美國大學、喬治城大學（Georgetown University）與馬里蘭大學（University of Maryland）教授佛教課程。他的書籍與文章在馬來西亞、印度、斯里蘭卡與美國等地都有出版。《平靜的第一堂課——觀呼吸》一書已經被翻譯成好幾種語言，並在世界各地出版。此書的泰文節譯版本，還被選爲泰國高中課程的教材。

德寶法師從一九八二年起就擔任修行協會（Bhavana Society）的會長，那是一個位於西維吉尼亞森林裡（靠近仙那度河谷）的寺院與閉關中心，由他與馬修·弗立克斯坦（Matthew Flickstein）共同創辦。德寶法師就住在修行協會裡，他在那裡爲比丘與比丘尼進行剃度與訓練，並提供一般社會大眾閉關修行。他也經常巡迴世界各地演講，並且指導閉關禪修。

西元二〇〇〇年，德寶法師獲得他的母校維迪雅蘭卡拉學院頒贈終生傑出成就獎。

---

①具足戒，又叫做近圓戒、近具戒、大戒，略稱具戒。指比丘、比丘尼所應受持的戒律，因為跟沙彌、沙彌尼（七歲以上、二十歲以下出家的男子和女子）所受十戒相比，戒品具足，所以稱為「具足戒」。依戒法規定，受持具足戒就可以正式取得比丘、比丘尼的資格。一般來說，比丘戒有 250 戒，比丘尼戒則有 348 戒。

〔自序〕

人人都能讀得懂

從個人經驗中我發現，讓別人了解你最有效的方式，就是使用最簡單的語言。我也從教學中學習到，語言愈艱澀，效果就愈小。對於難懂的語言，人們不太給予回應，尤其是當我們嘗試教導人們一些在日常生活中較少接觸的事物時，更是如此。禪修不是人們熟悉的事物，有愈來愈多的人轉向修禪，因此他們需要更簡單的指導，以便在沒有老師陪伴的情況下能自己練習。許多禪修者需要這樣一本淺顯易懂的書，這本書就是應他們的要求而寫的。

我在寫作本書的過程中曾經受到許多朋友的協助，我深深感謝他們。在此特別要對以下諸位獻上我誠摯的謝意，包括約翰・派迪寇德（John M. Peddicord）、丹尼爾・翁斯泰德（Daniel J. Olmsted）、馬修・弗立克斯坦（Matthew Flickstein）、卡蘿・弗立克斯坦（Carol Flickstein）、派翠克・漢彌爾頓（Patrick Hamilton）、潔妮・漢彌爾頓（Genny Hamilton）、比爾・梅尼（Bill Mayne）、鳩提卡比丘（Bikkhu Dang Pham Jotika）、梭拿比丘（Bhikkhu Sona）等等，他們在我撰寫此書的過程中，給了我許多寶貴的建議、批評與指正。伊莉莎白・瑞德（Elizabeth Reid）對於在新版中加入後記，提供了最寶貴的協助。另外，我也要特別感謝薩瑪尼師（Reverend Sister Sama）與克里斯・歐基菲（Chris O'Keefe）共同協助相關的出版事宜。

導言

美國佛教

本書的主題是內觀（vipassana，音譯爲毗婆舍那）禪修。重複，練習。這是一本禪修手冊，一步一步具體引導你進入內觀禪。這意謂著它是實際而且可行的。

這本書要告訴你「禪修怎麼做」

坊間已經有許多詳細探討佛教哲學與禪修理論的書籍，如果你有興趣的話，我鼓勵你們去讀，其中有許多寫的都很棒。這本書則是告訴你「怎麼做」。它是爲了那些眞的想要修禪的人而寫的，尤其是爲那些現在正要起步的人。在美國只有少數合格的佛教禪師，在此我們想要提供你動身遨遊之前所需具備的基本資料。只有那些遵從本書指示的人才能說我們是成功或失敗，也只有那些規律與精進的禪修者才有資格評斷我們的努力。沒有一本書能涵蓋禪修者可能會遭遇到的所有問題，最後你還是需要一位合格的老師。但是，在此同時，本書提供了一些基本原則，充分了解這些訊息，將能幫助你前進一大段路。

這本書則是告訴你「怎麼做」。它是為了那些真的想要修禪的人而寫的，尤其是為那些現在正要起步的人。

禪修有許多種風格，每一個主要的宗教傳統都有一些類似禪修的程序，這個詞經常被濫用。本書專門討論內觀禪修，它是南亞與東南亞佛教教學與修行的主題。vipassanā 是巴利文，意思就是「內觀」，這個系統的目標是讓修行者洞見事物的本質，清楚了解每一樣事物眞實的運作方式。

整體而言，佛教完全不同於西方人最熟悉的神學宗教。它直通心靈或聖境的入口，無需神祇或其他「媒介」的幫助。它的精神非常科學，更接近所謂的「心理學」而非一般所稱的宗教。佛教的修行是持續不斷地探求實相，深入觀察整個認知的過程。它的目的是釐清我們習以爲常的虛妄觀點，揭發事物的究竟實相。內觀禪正是這樣一種古老而精緻的技巧。

佛教的修行是持續不斷地探求實相，深入觀察整個認知的過程。

教你深入內心探索自己

上座部（Theravāda）佛教①提供了一個有效的系統，可以幫助我們深入探索內心，直探意識本身的根源。它同時也提供了一個相當值得參考的儀式系統，修行的方法就包含在裡面。這個美好的傳統，是在南亞與東南亞高深的傳統文化內，歷經兩千五百年的發展而自然得到的結果。

在本書中，我們將盡一切努力把外飾與本質二者區分開來，只呈現單純的實相。那些喜歡儀式的讀者可以從其他書本中學習上座部的做法，找出豐富的習俗與儀軌，那是一個充滿莊嚴與意義的傳統。而講求實用的讀者則僅使用方法本身，隨其意願在理性或感性的背景下使用它們。只有修行才是重點。

內觀禪修與其他禪修形式截然不同，需要被充分了解。佛教的禪修主要有兩種，它們是不同的心靈技巧或操作模式，有不同的意識特質。在巴利語，即上座部佛教文獻的語言中，它們被稱爲 vipassanā 與 samatha（音譯爲奢摩它）。

vipassanā 通常被翻譯爲「觀」或「內觀」，即清楚覺察當下發生的事；samatha 則被譯爲「定」或「止」，是把心集中於單一對象的狀態，好讓它安定下來，不再四處遊盪。

修習內觀，是一種漸進的過程

入定之後，一種深沉的平靜會遍布身心，那種祥和的狀態唯有親身體驗過的人才能了解。

入定之後，一種深沉的平靜會遍布身心，那種祥和的狀態唯有親身體驗過的人才能了解。多數禪修體系都只強調定的成分，禪修者將心集中在單一對象，例如祈禱、詩歌、燭焰，或宗教形像上，排除內心其他一切思惟與感受。這種禪定的樂受②會一直持續到禪修者下座爲止。它是美好、愉悅、有意義與吸引人的，不過卻也是短暫的。

另一個禪修的成分是修觀。修習內觀者以禪定爲工具，讓洞見得以打破障蔽實相光明的妄念之牆。這是一種漸進的過程，先逐步增強洞見，以深入實相的領域。也許經過幾年之後，有一天，禪者會突然打破圍牆，發現光明。轉化的過程完成之後，即名為「解脫」，它是持久的。解脫是一切佛教修行體系的目標，不過達到目標的路徑卻有很多條。

佛教內部存在許多部派，可以分成兩大思想主流：大乘（Mahāyāna）與上座部。大乘佛教流行於整個東亞地區，影響所及包括中國、韓國、日本、尼泊爾、西藏與越南等地的文化。最廣為人知的大乘系統是禪宗（Chan 或 Zen），盛行於中國③、日本、韓國、越南與美國等地。上座部的修行系統則流行於錫蘭、泰國、緬甸、寮國與柬埔寨等南亞與東南亞的國家。本書所談的內容是關於上座部的修行。

透過覺知和呼吸達到正念

傳統上座部文獻詳細解說了修止與修觀的技巧，根據巴利文獻記載，禪修的主題共有四十種④，它們都可以被拿來做為修習禪定與開發內觀的對象。由於這是基礎手冊，因此我們將只集中討論最根本的對象：呼吸。本書將介紹如何透過單純覺察與清楚掌握整個呼吸的過程，達到正念。以呼吸為專注的焦點後，禪修者可以進而觀察他的整個認知世界。禪修者學習觀看一切身體經驗、感受與思想的變化，並且學習研究他自己的心理活動與意識轉變。

以呼吸為專注的焦點後，禪修者可以進而觀察他的整個認知世界。

這一切改變不斷發生，我們隨時都可以經驗得到。

禪修是一種活潑的活動，一種根植於經驗的活動。它不能只被當成學理來講授。這個過程活潑的精神一定得來自老師自身的體驗。話說如此，還是有不少關於禪修的典籍流傳下來，其中有許多乃是出自這個世上最有智慧與內心最光明者之口，這類典籍就相當值得參考。本書大多數的論點都援引自「三藏」(Ti-piṭaka)，即三種佛陀原始教法的合輯。這三藏包括律藏（Vinaya-piṭaka)，內容是比丘、比丘尼與在家弟子的戒律；經藏（Sutta-piṭaka)，佛陀公開的說法；以及論藏（Abhidhamma-piṭaka)，一套深奧的心理與哲學教法。

在第一世紀時，一位著名的佛教學者優婆提沙(Upatissa)，寫下了《解脫道論》(*Vimuttimagga*)，將佛陀對於禪修的開示做了一番歸納整理。第五世紀時，另一位偉大的佛教學者，名爲覺音（Buddhaghosa)，在同樣的基礎上完成了第二部論述，《清淨道論》(*Visuddhimagga*)，今日依然是禪修的範本。

是否繼續向前去找出你是誰以及人生的意義為何，則完全取決於你自己。

我們在此嘗試爲英語世界，做最清晰與最簡明的內觀禪法的指導。本書提供你入門的基礎，至於是否繼續向前去找出你是誰以及人生的意義爲何，則完全取決於你自己。這是一段值得探索的旅程，祝你成功。

注釋

①上座部佛教，巴利語系的佛教。現在主要分布地點在斯里蘭卡、泰國、緬甸等國。

②樂受，「受」乃是領納對境而覺苦樂的精神作用。樂受，也就是領受順情之境，而感到身心舒適喜悅。

③原書作者只提到日本禪（Zen）而沒有提到中國禪（Chan），因此也沒有將中國包括在內，這對做為禪宗發源地的中國來說，實在是一大諷刺。目前中國禪的研修重鎮已經轉移到台灣。

④四十業處，包括：（1）十遍處，指地遍、水遍、火遍、風遍、青遍、黃遍、赤遍、白遍、光明遍、限定虛空遍；（2）十不淨，指膨脹相、青瘀相、膿爛相、斷壞相、食殘相、散亂相、斬斫離散相、血塗相、蟲聚相、骸骨相；（3）十隨念，指佛隨念、法隨念、僧隨念、戒隨念、捨隨念、天隨念、死隨念、身至念、安般念、寂止隨念；（4）四梵住，指慈、悲、喜、捨；（5）四無色，指空無邊處、識無邊處、無所有處、非想非非想處；（6）食厭想；（7）四界差別。《清淨道論》第三品至第十一品都在講定，對此有詳盡的說明。

第一章
幹嘛費事禪修？

你知道還有其他的生活方式

禪修並不容易，需要投入時間與精力，此外還需要勇氣、決心與紀律。它需要許多我們平常不喜歡而且還會設法逃避的個人特質。這些特質簡單來說，就是兩個字——「魄力」（gumption）。禪修需要魄力，相形之下，坐下來看電視當然要簡單得多。因此，爲什麼要費事禪修？爲什麼要浪費可以出去玩樂的時間與精力？爲什麼？答案很簡單，因爲你是人。就只是因爲「你是人」這個簡單的事實，你發現生命中始終有著擺脫不掉的苦（不圓滿①的現象）。你可以暫時壓抑自己的知覺一陣子，或者接連幾個小時都不去想，但是它總會再回來，而且通常是在你最不希望它出現的時候。突然間，似乎是意外地，你睡不著，內心備受煎熬，這時你才了解自己生命的實際狀況。

就這樣，你突然醒悟，花了一輩子的時間都只是在應付。你刻意維持體面，讓事情從表面上看起來很平順；然而挫折的過程，那些難受的時光，就只能埋藏在自己心底。你其實是一團糟，你自己也知道，但是掩飾得很好。一路走來，你只知道應該還有其他的生活方式，一種看待世界更好的方式，或者更完整地接觸生命的方式。偶爾你會進行得很順利：你得到一份好工作、談戀愛，或者贏得比賽。有時候事情眞的不同，生命豐富而清明，一切壞時

一路走來，你只知道應該還有其他的生活方式，一種看待世界更好的方式，或者更完整地接觸生命的方式。

光與無聊事都消失無蹤。你的感覺煥然一新，於是你對自己說：「好，現在我辦到了，現在我很快樂。」但是，之後它又消失了，就像風中煙塵一樣，徒留回憶與迷惘。你模糊地意識到有些事情出了錯。

你到底哪裡出了錯？

你覺得生命中眞的有一個深刻而敏感的非凡領域，只是你現在看不見它而已。然而，結束的感覺就像是一刀兩斷，突然之間，你與甜美絕緣了，無法再透過感官的吸棉去汲取那種經驗。你無法碰觸到眞實的生命，既然無法再次辦到，當然再也快樂不起來。之後，連那個模糊的意識也不見了，你又重新回到以前的世界，那個陰暗的老地方。那是一種情感的雲霄飛車，大部分的時間裡，你都蟄伏在軌道底層，內心卻冀望著能夠一飛沖天。那麼，你到底是出了什麼錯？你是怪胎嗎？不，你只是一個平凡人。你因爲染上所有人都染患的痼疾而受苦，它就像隻怪物，躲在我們所有人的內心深處，它有許多手臂：長期緊張、對別人缺乏眞正的同情（包括最親的人在內）、封閉的感情與灰心喪志等等，許許多多的手臂。我們沒有人能完全脫離它，我們也許會否認它，或試著壓抑它。我們創造出一套文化來躲避它，假裝它不存在，用各種目標、計畫或

你無法碰觸到真實的生命，既然無法再次辦到，當然再也快樂不起來。

身分考量來使我們自己分心。但是它從來沒有眞正離開過，而且還經常潛伏在每一個想法與每一個知覺的底層。我們的心底一直有一個細小的聲音在說：「還不夠好，還要更多，還要做得更好，一定要更好。」它是個怪物，一個以微妙形式出現在所有地方的怪物。

去參加一個派對，聽聽裡面的笑聲，那些尖銳的聲響，傳達出表面上看似歡樂、骨子裡卻惶然不安的訊息。感受一下那種緊張與壓力。沒有人眞的放鬆自己，大家都只是在假裝而已。去看一場球賽，看看觀衆席上的球迷，看看不理性的憤怒情緒，看看隱藏在熱情與團隊精神的假象背後，即將爆發開來的失望情緒。噓聲、尖叫，以及以忠誠爲名而行放縱之實的自我主義、酗酒與觀衆席上的打鬥等等，這些都是人們極度渴望釋放內在壓力的表現，他們的內心一點也不安穩。看看電視上的新聞，聽聽流行歌曲的歌詞，你發現不斷在反覆變奏的，是同樣的主題——嫉妒、痛苦、不滿與緊張。

沒有人真的放鬆自己，大家都只是在假裝而已。

生命不變的真理就是不斷改變

生命似乎成了無止盡的掙扎，辛苦努力就只是爲了對抗勢不可擋的苦厄。我們如何解決這一切不圓滿的現象呢？我們都得了「只要」症候群：只要我有錢，我就會很快樂；只要我能找到一個眞正愛我的人；只要我能減輕二十磅；只要我有一台彩色電視機、一個熱水浴缸、一頭鬈髮，以及數不盡的事物。這些妄想從哪裡來？更重要的是，我們應該怎麼辦？它是從我們自己內心的因緣產生。它是深細而無所不在的習氣，是慢慢纏繞而成的結，需要我們以同樣的方式，一次一小段，慢慢解開它。我們可以集中精神，先挖出一小段，把它暴露在光亮處。我們可以讓無意識變成有意識，一次一小段，慢慢來。

它是深細而無所不在的習氣，是慢慢纏繞而成的結，需要我們以同樣的方式，一次一小段，慢慢解開它。

我們經驗的本質就是變化。變化永不止息，生命無時無刻不在流逝，永遠不可能跟原來一樣。無盡的變動正是有知宇宙的本質。你的腦子才剛冒出一個念頭，半秒之後旋即消失，接著來了另一個，也一樣消失無蹤。一個聲音震動了你的耳膜，之後就恢復寧靜。張開你的雙眼，世界頓時湧現，一闔眼，它又不見了。人們在你的生命中來了又去，朋友離開，親人消逝。你時來運轉，然後再走下坡。有時候你贏，但是和平常一樣，你又輸了。它永不止息：變化、變化再變化，永遠沒有兩個時刻完全相同。

不要以爲這種情況是出了什麼差錯，事實上，宇宙的本質就是如此。但是對於這種無盡的流動，人類的文化卻教導我們做出一些奇怪的反應。我們把經驗分類，並且試圖捕捉每一個感受，每一個在無盡流動中的心靈變化，再把它們分別放入「好」、「壞」與「不好不壞」這三個心靈鴿洞。之後，根據放入的巢洞，我們以一組固定的、習慣性的心靈反應產生認知。如果一個特別的感受被標示爲「好」，我們就會嘗試將時間凍結在那裡，緊抓著那個特別的想法、撫弄它、把玩它，嘗試不讓它跑掉。當它留不住時，我們便竭盡全力重複那個會引起這種想法的經驗，讓我們稱這種心靈習慣爲「執著」。

當它留不住時，我們便竭盡全力重複那個會引起這種想法的經驗，讓我們稱這種心靈習慣為「執著」。

是好？是壞？還是不好不壞？

心靈的另一邊放置著被標示爲「壞」的盒子，當認知某樣事物是「壞」的時候，我們就會嘗試把它推開，試著否定它、排拒它，想盡辦法避開它。我們抗拒自身的經驗，把自己弄得支離破碎，讓我們稱這種心靈習慣爲「排斥」。在這兩者之間躺著「不好不壞」的箱子，我們把不好也不壞的經驗放進這裡。它們是溫和、中性而無趣的。我們把經驗打包，放入不好不壞的箱子裡，如此一來，我們就可以忽略它，重新把注意力集中到無盡的貪愛與憎惡的行爲上。因此，這個不好不壞的經驗種類就被剝奪了它應該受到注意的地位，讓我們把這種心靈習慣稱爲「忽略」。這一切瘋狂行徑的結果就導致我們一直故步自封，無止盡地追求歡樂，無止盡地逃避痛苦，以及無止盡地忽略我們百分之九十的經驗。之後，我們質疑「爲什麼生命如此乏味？」分析到最後，這套系統根本就不管用。

無論你如何努力追求歡樂與成功，還是會有失敗的時候；無論你跑得多快，苦難總有追到你的時候。在那些時候，生命無聊得令你想放聲尖叫。我們的內心充滿不滿與批評，我們在自身周遭遍築圍牆，因而被困在自己愛憎的牢籠中，感到痛苦萬分。

我們的內心充滿不滿與批評，我們在自身周遭遍築圍牆，因而被困在自己愛憎的牢籠中，感到痛苦萬分。

「苦」在佛教思想中是個重要的字眼。它是一個關鍵字，需要被徹底了解。這個字的巴利文是dukkha，它不只是指身體的痛苦，而是一種深沉且微細的不圓滿的感覺，存在於心的每一個瞬間，是內心故步自封的結果。佛陀這麼說過：「生命的本質就是苦。」乍聽之下，這個說法似乎太過病態與悲觀，甚至顯得不眞實。畢竟，我們還是有許多快樂的時光，不是嗎？不，並沒有，只是看起來很像有而已。想想你眞的覺得滿意的時光，仔細檢視，在愉悅底下，始終潛伏著微細而無所不在的緊張。無論多麼棒的時光，還是有結束的時候；無論你獲得多少，無可避免地，你不是失去它，就是要用下半輩子一邊守著它，一邊計畫如何得到更多。最後，你還是免不了一死。到頭來，你終將失去所有。一切都是無常的。

聽起來很淒涼，不是嗎？幸運地，不，一點也不淒涼。只有當你從世俗心靈的角度來看的時候才會覺得淒涼，只有在那個故步自封的機制底下運作才是如此。在此之外有另一種視野，一個完全不同的世界觀。在那個層次，內心不會想要嘗試凍結時間，不會試圖抓緊流逝的經驗，也不會把事物排除在外，或者是忽略它們。那是個超越好與壞、樂與苦的經驗層次。那是個看待世界的有趣方式，並且是可以學會的技巧。雖然並不容易，卻是可以學習的。

你想要怎樣的人生？

快樂與安穩眞的是人生的主要課題，是所有人努力追求的目標。這經常被不經意地忽視，因爲那些根本目標都被表面事物給遮蔽了。我們想要食物、財富、性、娛樂與尊重。我們甚至告訴自己，「快樂」的概念太抽象了：「瞧！我很實際，只要給我足夠的錢，我就會買到我需要的快樂。」很不幸地，這種態度根本行不通。檢視這裡的每一個目標，你將發現它們都很膚淺。你想要食物，爲什麼？「因爲我餓了。」你餓了？那又怎樣？「嗯，如果我吃東西，就不會餓，那麼我就會覺得很好。」哈！「覺得很好」？現在眞正的關鍵詞出現了。我們眞正追求的不是表面的目標，那只是過渡的方法而已。我們眞正追求的，

我們真正追求的不是表面的目標，那只是過渡的方法而已。我們真正追求的，是本能需求得到滿足時的舒緩的感覺。舒緩、放鬆還有解除壓力。

是本能需求得到滿足時的舒緩的感覺，舒緩、放鬆還有解除壓力。我們只要安穩與快樂就好，不再有任何渴望。

你真的快樂嗎？

那麼這個「快樂」是什麼？對我們多數人來說，完美的快樂是得到一切想要的東西，把它們納入控制之下，像凱撒大帝一樣君臨天下，把全世界玩弄於股掌之間。再一次地，這一套也行不通。看看歷史上那些眞正的掌權者，他們都不是快樂的人。他們活得並不自在，爲什麼？因爲他們想要完全掌控世界，但是根本辦不到。他們想要控制所有的人，但還是有人拒絕被控制。這些有權力的人無法控制星辰，他們仍然會生病，也仍然會死去。

你無法得到一切想要的東西，那是不可能的。幸好，你還有另外一種選擇：你可以學習控制你的心，跳出貪愛與憎惡的無盡循環。你可以學習不去想你想要的東西，了解欲望而不被它們所控制。這並不是叫你就乾脆躺在地上，讓所有人來踐踏你。它意謂著你可以繼續像平常一樣過日子，不過，是透過一種全新的觀點來生活。你做一個人應該做的事，卻不讓自己受到欲望的迷惑與壓迫；你可以想要某些東西，卻不需要追著它跑；你害怕某些東西，但不需要因此而僵在那裡打哆嗦。這種心的修行很難，需

幸好，你還有另外一種選擇：你可以學習控制你的心，跳出貪愛與憎惡的無盡循環。

要花上好幾年的時間，但是，試圖控制每一件事卻是不可能的，困難總比不可能要好。不過，等一下，安穩與快樂！那不正是指「文明」嗎？我們建造摩天大樓與高速公路，我們去度假或者買電視機，我們設立慈善機構、提供病假、社會安全與福利制度，一切都是爲了某種安穩與快樂的目標而設。雖然如此，心靈疾病的比例卻持續攀升，犯罪率更是快速上揚，街上充斥著好鬥與危險的人。把你的手伸出安全的自家門外，很可能就會有人覬覦你的手錶！有些事情出了問題，一個快樂的人不會偷竊，一個內心自在的人不會有殺人的衝動。我們一廂情願地認爲這個社會正在善用人類的一切知識，以達到安穩與快樂的目標，事實卻不然。

發現「你是多麼瘋狂」

過度開發物質層面，卻會因此賠上感情與心靈層面，為此，我們付出了慘重的代價。

到如今我們才了解，過度開發物質層面，卻會因此賠上感情與心靈層面，爲此，我們付出了慘重的代價。這說明了今日美國在道德與精神素質上低落的原因，以及需要急起直追的方向。我們應該從自己的內心做起，仔細向內看，保持忠實與客觀，我們每一個人都將發現：「我是有過失的」，以及「我是多麼瘋狂」。當我們發現的時候，把它看個仔細，看個明白，不要怨天尤人，如此一來，我們就能夠脫離現在的處境，向上提升。除非眞正認清現在的處境，否則你不可能徹底改變自己的生活型態。當你認清事實時，改變自然會發生。你無須勉強、掙扎或服從權威人士訂定的規則。它是自發的，你就這樣改變。不過要達到最初的洞見卻需要下一番工夫，你必須在沒有任何幻想、判斷與抗拒的前提下，認清你是誰，以及你的情況如何。你應該看清楚你在社會裡的角色與功能，看清楚你的本分與義務，尤其是看清身爲一個人，你自己對他人負有哪些責任。最後，你應該認清，個體雖然完整，但卻是相互關係中不可分割的一部分。聽起來好像很複雜，事實上卻可以在一瞬間完成。透過禪修來開發內心，最能幫助你達到這種覺悟與寂靜之樂。

禪修能從內在徹底轉化一個人

《法句經》（*Dhammapada*）②是一本古老的佛教經典（比佛洛依德③還早數千年），其中有一段說道：「你現在的樣子，是你過去的果；你未來的樣子，則是你現在的果。惡念的後果會一直跟著你，就像牛車被牛拖著走一樣；清淨心的後果也會一直跟著你，就像你自己的影子一樣。沒有人── 包括父母、親屬與朋友在內，能像你自己的清淨心一樣幫助你。一顆訓練良好的心，將會爲你帶來

你現在的樣子，是你過去的果；你未來的樣子，則是你現在的果。

快樂。」

禪修的目的就是淨化內心，清除困擾你的貪心、瞋恨與嫉妒等煩惱。禪修爲內心帶來平靜與覺醒，達到一種安定與內觀的境界。

在這個社會中，我們都是教育的信徒，相信知識會讓人更文明。不過，文明只能從表面修飾一個人，讓高尚而世故的謙謙君子，承受著戰爭與經濟崩潰的壓力，卻一籌莫展。因爲害怕懲罰及帶來的後果而守法是一回事，因爲清除那會讓你偷竊的貪欲以及唆使你去殺人的瞋心而絕對地守法，則又是另外一回事。丟一塊石頭到河裡，流水會把它的表面磨平，但是它的內在卻不會改變。把那塊石頭丟到紅通通的火爐中，它會熔化，整塊石頭從裡到外就此改變。文明只會改變一個人的外表，禪修則能從內在徹底轉化一個人。

禪修被稱為「偉大的老師」，它是淨化的爐火，透過覺知，緩慢而確實地運作。

禪修被稱爲「偉大的老師」，它是淨化的爐火，透過覺知，緩慢而確實地運作。你的了解愈深入，你就愈是具有彈性與耐性，而且愈慈悲，變得像完美的父母或理想的老師，隨時準備好寬恕與包容。你因了解別人而愛人，因了解自己而了解別人。你深入內觀，看出自我的虛妄以及你自己的人性弱點，你了解自己並且學會寬恕與愛人。當你學會對自己慈悲時，那麼，對他人的慈悲也就油然而生。一個禪修有成者已經對生命達到深刻的覺悟，他或她必然會對世界有著深刻無私的愛。

你的傲慢蒸發了，敵意也枯竭了

禪修很像是開墾新生地。要在森林闢出一片田地，首先得清理樹林，將殘株拖離。然後犁田、施肥與播種，最後才能收成。開發內心也一樣，你應該先清理路上的各種障礙物，把它們連根拔起，讓它們不會再長出來，接著你必須施肥，在心田裡灌注精力與紀律。然後你播種，之後才能收割信心④、戒律⑤、正念與智慧的果實。

值得一提的是，此處的信心與戒律有特殊的意義。佛教的信心，不是一古腦地鼓勵人們信仰經典、先知或權威人士。此處信心的意義更接近於自信。認知某樣事物爲眞，是因爲你看到了它的運作，因爲你親自觀察過它。同樣地，戒律不是盲目順從權威人士訂定的行爲準則，而是因爲你認知到它比你現在的行爲更殊勝，而自覺與自發的一種健康的習慣模式。

禪修的目的是達到個人轉化。進入禪修一端的「你」，與踏出禪修另一端的「你」不同。禪修透過一連串讓你變得更敏銳的過程，藉由深入覺察你自己的思惟、話語與行爲，而改變你的性格。你的傲慢蒸發了，敵意也枯

禪修透過一連串讓你變得更敏銳的過程，藉由深入覺察你自己的思惟、話語與行為，而改變你的性格。

竭了。你的內心變得平靜，生命也就安定下來。像這樣，做好禪修，將能幫助你悠游於順境與逆境之中。它能控制你的緊張、恐懼與憂慮。你不再心神不定，激情也能獲得控制。你開始明白事物，生命從掙扎的姿態轉變成自在地滑翔，這一切都是都是透過覺悟而來。

禪修令你專注與思考的力量更加敏銳。然後，慢慢地，你自己潛在意識的動機與機制變得清楚起來。你的直觀更銳利，思想的精確度也提高了，你逐漸拋開偏見與妄想，洞見事物的實相。

這些理由是否足夠支持你費工夫去修禪？大概不夠。這些都只是紙上談兵的論證而已，要了解努力修禪是否值得，只有一個方法：學習正確地做，並且親自去體驗。

注釋

①圓滿，周遍充足，無所缺減。

②《法句經》，書名，意思是「真理之語言」。三國竺將炎和支謙共譯的佛教典籍。二卷，三十九品，七百五十二偈。係採自佛經偈頌，分類編輯而成。本經除漢譯本外，尚有巴利文和藏文傳本，內容略有不同。在南傳佛教，本書為佛教徒的必讀書。

③佛洛依德（Sigmund Freud，1886～1939）奧地利精神病學家，精神分析的創始人。1900年發表《夢的解析》，認為性欲受到壓抑，以掩飾的形式表現出來就是夢。

④信心，信受所聞所解的佛法而沒有疑惑，也就是遠離懷疑的清淨心。

⑤戒律，為防止佛教徒邪非的戒法規律。梁《高僧傳》卷一記述曇柯迦羅譯出僧祇戒心圖，更請印度僧人設立羯磨法受戒。此為我國戒律之始。唐代，鑑真前往日本，在東大寺設戒壇授戒，並建立唐招提寺弘傳戒律，戒律於是在日本開始流傳起來。

第二章

禪修不是什麼？

禪修這個名詞，你以前一定聽過，否則你不可能拿起這本書。思惟的過程就是一個一個扣接的概念，而所有的概念都與「禪修」這個字有關。其中有些概念是正確的，有些則毫無價值。有些比較適用於其他禪修系統，而與內觀禪修毫不相干。在我們繼續往下談之前，有必要先掃蕩神經網路內的渣滓，好讓新的資訊能暢行無阻。讓我們先從一些最明顯的事物開始。

這裡不會教導你注視自己的肚臍或持誦神祕字母，你也不必去降妖伏魔。你不會因爲表現良好而獲贈彩帶，也無須剃頭或包頭巾。此外，你更不用拋棄財產，住到寺廟裡去。事實上，除非你的生活墮落而腐敗，否則你可以馬上開始學習禪修，並且獲得進步。聽起來很令人鼓舞，不是嗎？

有許多關於禪修主題的書籍，其中多數都是出自特定的宗教或哲學傳統，然而許多作者並未明確指出來。他們將一切說得好像是普遍的法則，不過實際上卻是只限於特定修行系統的特殊程序。更糟的是，這些裝飾華麗的複雜理論與詮釋之間，經常出現不一致的情況。結果眞的是一團糟：一堆矛盾意見組成的大雜燴，其間還混雜著許多不相干的資料。這本書則是相當明確，只討論內觀系統的禪修。我們將教導你，以平靜與離染①的態度，觀察內心的運作，如此你

我們將教導你，以平靜與離染的態度，觀察內心的運作，如此你將可以從自己的行為中獲得洞見。

將可以從自己的行為中獲得洞見。目標是覺知，一種深刻、集中與和諧的覺知，讓你能洞察事物的本質。

一般人對於禪修存在著許多常見的誤解，我們常見新手一再提出相同的問題。你最好馬上加以處理，因為它們是某種成見，會從一開始就阻礙你的進步。我們將逐條提出這些誤解，並加以解決。

誤解一：禪修只是一種放鬆的技巧

這裡的癥結在於「只是」這個字眼。放鬆是禪修的要素，不過內觀禪修的目標要更高遠一點。這個陳述對於其他許多禪修系統來說，或許非常貼切。所有的禪修方法都強調心的專注，把心停留在單一細節或單一思惟範疇。在強度與深度上不斷提升，你就能達到一種深刻而喜悅的放鬆，名為「禪那」（jhāna）。那是一種最平靜的境界，能帶來心的狂喜──一種超越正常意識狀態經驗的喜悅形式。多數禪修系統都停在這裡，以禪那為目標，當你達到之後，在接下來的時間裡，也只是不斷重複這個經驗而已。內觀禪修則不然，內觀禪修追求另一個目標──覺知。專注與放鬆是伴隨覺知必須的前導和便利的工具，也是有益的副產品。但是它們不是目標，目標應該是洞見。內觀禪修是一種深奧的宗教修行，目的在於淨化與轉化你

內觀禪修是一種深奧的宗教修行，目的在於淨化與轉化你的日常生活。

的日常生活。我們將在第十四章中進一步探討「止」（禪定②）與「觀」（洞見）的差異。

誤解二：禪修意指進入出神狀態

再一次地，這個標題的陳述只適用於某些禪修系統，而非內觀。內觀禪修不是一種催眠形式，你並非試圖蒙蔽自己的心而讓它變成無意識狀態，或者試圖讓你自己變成沒有感情的植物。反之，內觀是要讓你愈來愈了解自己的感情變化，你將學會如何更清楚、更準確地了解自己。在學習這個技巧的過程中，某些像出神之類的狀態確實會發生在觀察者的身上。不過，禪完與出神，二者其實正好相反。在催眠的出神狀態中，主體很容易受到外界的控制；但是在深沉的禪定中，禪修者卻大都在自己意識的控制之下。相似之處僅止於表象，不管怎麼說，這些發生的現象都不是內觀的要點。如同我們先前所說，禪那的深定只是一種工具，或是邁向更高覺知的墊腳石。內觀的定義就是「培養正念（念念分明）或覺照」。如果你發現你的禪定變成無意識狀態，那就表示你並非依據內觀系統的定義在修行。

內觀是要讓你愈來愈了解自己的感情變化。你將學會如何更清楚、更準確地了解自己。

誤解三：禪修是無法被理解的神祕修行

同樣地，這幾乎是事實，卻又不盡然如此。禪修時的意識層次，比思惟概念的層次更深。因此，有些禪修的經驗難以言傳，不過，那並不表示禪修無法被理解。有比語言更深刻的方式可以理解事物。舉個例子，你了解怎麼走路，雖然你可能無法描述神經纖維與肌肉的運作程序，但是你知道怎麼去做。禪修需要像那樣透過實踐被理解，它不是你可以在抽象領域中學習或是談論的事物，它是需要被體驗的。禪修並不是機械化的公式，它不會自動輸出可以預測的結果，你永遠無法準確預測每一次禪修可能會發生什麼事情。每一回禪修都是一次研究、實驗與探險。事實上，我們可以反過來說，當你的修行達到一種可以預期而且每次都相同的感覺時，你就應該警覺，你已經偏離軌道而且遲滯不前了。學習將每一秒鐘都看成是宇宙中第一而且是唯一的一秒，這是內觀禪修的基本觀點。

禪修並不是機械化的公式，它不會自動輸出可以預測的結果，你永遠無法準確預測每一次禪修可能會發生什麼事情。

誤解四：禪修的目的是神通③

不，禪修的目的是開發覺性。學習讀心術不是它的要點，浮升在空中不是它的目標，它的目標是解脫（liberation）。神通的現象與禪修之間確實有某種關聯，不過這種關係是複雜的。在禪修生涯的早期階段，這現象不一定會出現。有些人可能會經驗到一些直覺的了解，或對前世的回憶。無論如何，這些都不能被視爲發展健全或可信賴的神通力，不應該被過度重視。事實上，這種現象對新手而言很危險，會使得他們很容易受到誘惑——可能是一些自我的陷阱，引誘你出軌。最好的做法是，根本不要強調這些現象，如果它們出現，那很好；如果沒有出現，那也很好。在禪修生涯中，到了某一階段，修行者可能會修習特別的法門以開發神通力，不過那是很後來的事了。只有在禪修者達到很深的定境後，才有足夠的能力可以這麼做，否則將有失控或喪命的危險。禪修者獲得神通的目的是利益衆生，在多數情況中，這種事通常都要有好幾十年的工夫才可能辦得到。現在不需要擔心這點。只要集中心力不斷開發覺知即可。如果有聲音或影像出現，只要看著它們，讓它們自己消失，不要被捲進去。

誤解五：禪修很危險，一個謹慎的人應該避開

每件事都很危險，過馬路可能被車撞到，洗個澡也可能會弄斷脖子。禪修，則可能會勾起你過去種種不好的回憶。已經在心裡壓抑許久的東西突然冒出來可能會很嚇人，不過，探索它是相當值得的。沒有一項活動完全沒有風險，但這並不表示我們就應該把自己裹在保護繭中。那

沒有一項活動完全沒有風險，但這並不表示我們就應該把自己裹在保護繭中。那不是生活，而是提前死亡。

不是生活，而是提前死亡。面對危險的方法是先了解大概的情況：有多嚴重、關鍵何在，以及如何解決等等，這些才是這本手冊的目的。內觀是開發覺知，本身並不危險；相反地，增長覺知是對抗危險的保障。如果方法正確，禪修是非常溫和而且漸進的過程。放慢腳步並保持輕鬆，你的修行會很自然地進行。不要太勉強自己，直到你遇見一位合格的老師，在他細心指導與睿智的保護下，你才可以藉由密集的禪修，加快進步的速度。然而在剛開始時，請保持輕鬆，溫和地進行，一切都會很好的。

如果方法正確，禪修是非常溫和而且漸進的過程。放慢腳步並保持輕鬆，你的修行會很自然地進行。

誤解六：禪修是聖賢所為，不適合一般人

這種態度在亞洲很普遍。在那裡，比丘與聖者們理所當然受到高度尊崇，這種情況就像是美國人崇拜電影明星與棒球英雄一樣。這些樣板式的人物，被過度誇大，並被賦予一般人難以企及的各種特質。即使在西方，禪修也受到一些類似這樣的對待。我們想像中的禪修者，都是超凡入聖的人物，他們嘴裡的奶油好像永遠不會融化一樣。只要稍微接觸過這些人，這種幻想就會不攻自破。他們通常只是精力充沛與品味高尚的人，對生命充滿驚人的活力。

當然，那是眞的，多數聖者都有修禪，但是他們並非因爲他們是聖者而修禪，那是本末倒置的說法。他們之所以成爲聖者乃因爲他們修禪，禪修是他們到達彼岸的方法。在成爲聖者之前，他們得先修禪，否則無法有所成就。許多學生似乎覺得開始修禪之前，在道德上必須沒有瑕疵才行。這套說法根本行不通。戒律必須以一定程度的修心爲前提，你不可能在沒有絲毫自制的前提下持戒[4]。如果你的心一直都像自動販賣機裡的水果罐頭一樣轉個不停，就根本談不上自制或持戒，因此修心是首要的工作。

在佛教的禪修中有三個不可或缺的元素：戒、定[5]、慧[6]。修行的提升一定得靠這三者的成長，它們彼此相互影響，因此你是同時修這三項，而非分開來修。當你具備如實了解情況的智慧時，對衆生的悲心[7]便會油然而生。悲心的生起，意謂著你會自動自發地節制可能會傷害他人的想法、言語或行爲。如此一來，你的行爲便會自動符合戒法。只有在無法深入了解事物時，你才會製造問題。如果沒有看清自己行爲的後果，你就會犯錯。那些期待道德圓滿之後才準備開始修禪的人，簡直是癡人說夢，永遠不可能實現的。古老的聖哲說，這種人就像要等待海水平靜之後才要開始洗澡一樣。

悲心的生起，意謂著你會自動自發地節制可能會傷害他人的想法、言語或行為。

爲了更清楚了解這個關係，讓我們將道德分成幾個層次。最低一層是遵守一組由某人訂定的規則，那個人可能是你喜愛的先知，也可能是政府與部族的首領，或者是你的雙親。無論是誰制定這些規則，在這個層次，你需要的只是循規蹈矩，一個機器人就可以這麼做。如果規則夠簡單，而且在每一次犯錯時就受到懲罰，那麼即使一隻受過訓練的黑猩猩也可以做得不錯。這個層次完全不需要任何禪修，你只需要規則，以及有人在一旁揮舞棍子。另一個層次的戒律，是在沒有任何人督促的情況下，遵守相同的規則。你遵守，是因爲你已經將這些規則加以消化，然後放在心裡，每一次犯錯時，你就會拿出來懲罰自己。這個層次需要一點心的自制，如果你的思惟型態是混亂的，那麼你的行爲也一樣會是混亂的，修心將能減少心的混亂。

第三個層次的戒律，更有資格被稱爲「道德」。這個層次對前兩個層次而言是一大進步。在這個道德層面，一個人無需遵循權威人士所制定的那些困難而武斷的規則。他選擇遵守一條由正念、智慧與悲心構成的道路。這個層次需要眞正的智慧，以及臨機應變的能力，以便每一次都能做出獨特、創新與適當的反應。做這些決定之前，這個人必須先跳脫自己狹隘的個人觀點，他必須能客觀地觀察，平等看待自己與他人的需要。換言之，他必須讓自己跳脫貪欲、憎恨、嫉妒與其他自私的心結，因爲凡此種種會讓我們看不清楚別人的情況。唯有如此，他才能表現出最合宜的行爲。除非你生來就是個聖人，否則這個層次的

除非你生來就是個聖人，否則這個層次的道德絕對需要禪修，除了禪修之外，沒有其他方法可以達成目標。

道德絕對需要禪修，除了禪修之外，沒有其他方法可以達成目標。這個層次需要釐清的事情極為複雜，你可能無法照顧到每一個繁瑣的細節。有限的智力會應接不暇，不過，還好有深層意識可以輕鬆地處理這些複雜的事。禪修可以幫助你完成釐清的過程，那是一種奇特的感覺。

假設有一天你碰到了問題，譬如說，處理赫曼叔叔近來的離婚事宜。這事看起來很棘手，一大堆「可能」狀況令聰明的所羅門王⑧也頭痛不已。隔天，當你邊洗盤子邊想著其他的事情時，突然間，答案出現了。它就這樣從心底冒上來，然後你「啊哈！」一聲，整件事就這樣解決了。這種直覺只有在你將邏輯思考拋開，讓深層意識有機會自己去理出頭緒時才會發生。表層意識只會造成阻礙，禪修教導你如何解開思惟過程的束縛。這是跳脫成見的心靈藝術，它在日常生活中是很有用的技巧。禪修當然不是只適用於苦行者或隱士身上而與你毫不相干，它是你平常就用得到的實用技巧，可以馬上應用在每個人的生活中。禪修不是「離塵絕俗」的。

禪修當然不是只適用於苦行者或隱士身上而與你毫不相干，它是你平常就用得到的實用技巧，可以馬上應用在每個人的生活中。

不幸地，這個事實卻成了某些學生的缺點。他們著手修行，期待立刻天使歡唱，獲得天啓⑨。不過，他們通常得到的，是更有效處理垃圾以及解決赫曼叔叔問題的方法。他們不用失望，垃圾解決方案先來，天使長的聲音稍待一會兒就會到。

誤解七：禪修是逃避現實

不對，禪修是扣緊現實的。它不會把你與生命中的痛苦隔開來，反而是幫助你更深入生命中的一切層面，好讓你能突破痛苦的障礙，超越苦厄。修行內觀是以面對現實為出發點，完全體驗生命的實相，並且如法而行。它讓你能看穿假象，跳脫過去你一直告訴自己的優雅謊言。事實就是事實，你就是你，在缺點與動機上欺騙自己，只會讓你愈陷愈深。內觀禪修不是試圖讓你忘卻自己，或掩飾你的煩惱。它的目的是讓你能如實觀察，並且完全接受事實。只有這樣，你才有可能改變它。

事實就是事實，你就是你，在缺點與動機上欺騙自己，只會讓你愈陷愈深。

誤解八：禪修是狂喜至樂的好法子

嗯！也對，也不對。禪修有時候確實會創造出令人愉悅的喜樂，但是那並非禪修的目的，而且不一定會發生。況且，如果你心中抱著那個目的修禪，效果可能反而不如只是為了禪修而禪修。真正的禪修乃是為了開發覺知而修禪。喜樂來自放鬆，而放鬆則來自壓力的釋放。在禪修中追求喜樂會造成壓力，反而毀了整個禪修過程的喜樂鏈結。這是矛盾⑩的：唯有當你不追求它時，才有可能放鬆，體驗到幸福感。愉悅不是禪修的目的，這感覺經常產生，但是它只應該被視爲副產品。儘管如此，它仍然是一種令人愉快的副作用，並且會隨著禪修時間的加長而更常出現。去問問資深的禪修者，沒有人會反對這個說法的。

誤解九：禪修是自私的

表面上看起來確實如此，禪修者就靜靜地坐在一個小坐墊上。她有去捐血嗎？沒有。她有去救助急難嗎？沒有。但是讓我們看看她的動機，她爲什麼要這麼做？禪修者的動機是清除她自己的瞋心、自私與惡意，並且在這個過程中積極去除貪欲、緊張與昏沉。那些都是障礙慈悲的因素，除非它們消失，否則她所做的任何好事，都只不過是自我的延伸罷了，就長遠的眼光來看，並沒有眞正的助益。古老的把戲之一即是以助人爲名而行傷害之實：西班牙宗教法庭⑪的大判官即高舉最崇高的動機殘害異己；而塞勒姆（Salem）⑫的巫士審判則標榜是爲了「公共利益」。

檢視禪修先進們的個人生活，你將會發現他們經常投身於人道關懷的服務，他們不會爲了狂熱的宗教信念而發起聖戰，犧牲無辜的民眾。事實上，我們比自己所知道的更爲自私。如果情況許可，「自我」有辦法將最崇高的行爲變成毫無價値的垃圾。透過禪修，我們能如實地覺知自

透過禪修，我們能如實地覺知自己，覺察到許多自私行為的微細形式。

己，覺察到許多自私行爲的微細形式。如此一來，我們才有可能達到眞正的無私。去除你的自私，絕對不是一種自私的行爲。

誤解十：禪修，是坐下來思考高深的思想

又錯了，有些冥想學派確實是這樣做，不過內觀卻不然。內觀是覺察的練習：如實地覺察，無論是究竟實相，或者事物的細節。事實是怎樣，就是怎樣。當然，在你的修行中，無可避免地，可能會出現高深的思想。不過，它們不是你追尋的目標，它們只是令人愉悅的副作用而已。內觀是一種單純的修行，它的內涵是不帶偏袒與成見，直接去體驗自身的生活事件。內觀是隨時保持無私的觀察，出現什麼，就是什麼，非常單純。

誤解十一：禪修幾週之後，就可以解決所有的問題

抱歉，禪修不是速成的萬靈丹。你現在開始觀察無常，但是眞正深遠的效果可能要在幾年之後才會顯現出來。構成宇宙的法則就是如此，不要期待一夕速成。禪修從某些觀點來看頗爲棘手，需要長期自律以及艱苦的修行過程。每一次的禪坐都會有一些收穫，不過它們通常都很微細，先是在內心深處醞釀，之後才會顯現出來。如果你

每一次的禪坐都會有一些收穫，不過它們通常都很微細，先是在內心深處醞釀，之後才會顯現出來。

一直期待巨大而立即的改變，那麼你將會錯失整個微細的變化，且更將因此而感到沮喪，想要放棄，甚至懷疑根本沒有這樣的改變會發生。忍耐是關鍵。忍耐，如果你從禪修當中沒有學到任何東西，至少你學會忍耐。忍耐是任何深遠改變所不可或缺的重要因素。

注釋

①離染，也叫做離貪、離欲。遠離貪染的意思。根據《大毘婆沙論》卷二十八之解釋，狹義來說，指遠離貪欲；廣義而言，則泛指遠離煩惱，而以離染總攝一切有為的善法。在此取狹義之解。

②禪定，禪與定皆為令心專注在某一對象，進而達到不散亂的狀態。更詳細的內容，請見第三章。

③神通，又叫做神通力、神力、通力、通等。也就是依修禪定而得到的無罣礙、感覺自在、不可思議的作用。

④持戒，護持戒法的意思，也就是受持佛所制定的戒律而不觸犯；與「破戒」相對稱。

⑤定，全心專注在一個對象上，達到精神集中，毫不散亂的作用，也就是指凝然寂靜的狀態。定的相反，就叫做「散」，二者合稱為定散。

⑥慧，指推理、判斷事理的精神作用。心所之名。

⑦悲心，悲他之苦之心也。

⑧所羅門王，以色列極富智慧的君王。相傳，以色列的大衛王臨終時依上帝指示，將王位傳給兒子所羅門。所羅門登基後，依父親遺願，虔誠信靠上帝。據記載，上帝曾對所羅門王顯現，並說：「不管你求什麼，我必可給你。」所羅門王不求長命百歲，也不求榮華富貴，只求智慧。上帝見他信仰虔誠，於是將智慧賜給了他，從此，富有智慧的所羅門王將國家治理得很好，成了以色列史上最有名的君王。詳細史事可見《舊約聖經》列王紀上。

⑨天啓（Revelation），亦譯「啓示」，廣義指將未知或未明確了解的事透露出來，通常是透過神聖或超自然方法。許多宗教都有「天啓」的傳統，也就是說上帝向人顯示其旨意和真理，且認為信仰的根基在於上帝的啓示，在此作者所言應該是西方的宗教傳統基督教（雖然猶太教和回教都有）。

⑩矛盾，原文為 Catch-22，即《第二十二條軍規》。美國作家海勒（J. Heller）所著長篇小說，1961年出版。大意是說，在第二次世界大戰中，美國一些空軍士兵以精神錯亂為理由請求離開現役，經審查均未獲批准，因為能提出這樣的申請就證明他們精神正常。因此，「第二十二條軍規」就表示一切不合邏輯的行為或矛盾的情況。這個字在書中多次出現，作者擅長使用美國人慣用的生活口語，以便引起讀者的共鳴，這就是一個典型的例子。

⑪宗教法庭，又被稱為「異端裁判所」，是天主教教廷的司法機關，用以對付異端，以及處罰那些進行煉丹術、施行巫術和魔法的人。西班牙宗教法庭，在一四七八年開始運作，稍後又重新改組。早期時，刑罰十分殘酷，尤其是西班牙南部，然而相關資料已所剩無幾。

⑫塞勒姆位於麻薩諸塞灣波士頓市的近郊，1692年有20個無辜的女孩因被控為女巫在這裡被處死。撰寫《紅字》（*The Scarlet Letter*）的美國作家霍桑（Nathaniel Hawthorne，1804～1864）也是誕生於此地。如今市區還設有巫術博物館，以紀念當年在慘劇中被無辜處死的女子。

第三章
禪修是什麼？

禪修這個詞，不同的人有不同的方法使用它。這看起來似乎沒什麼，其實不然。明確辨別說話者選用的文字，意義重大。也許地球上每一種文化都有各自的靈修傳統可以被稱爲「禪修」，關鍵完全取決於你賦予這個字的意義。世界各地禪修技巧的差異很大，我們並不想一一去檢視，這方面已經有其他的書在做了。爲了達成本書的目的，我們只集中探討西方讀者最熟悉，以及與禪修這個詞關係最密切的修法。

你所聽過的禪修方法

在猶太—基督教的傳統之內，我們發現被稱爲「祈禱」（prayer）與「冥想」（contemplation）的兩種共通修法。祈禱是直接針對聖靈，冥想則是持續一段時間針對某一個特定主題的一種有意識的思惟，那個主題通常是宗教理念或經文段落。從修心的角度而言，這兩者都是屬於禪定的練習。思惟的洪流在此受到限制，心被有意識地控制。它們的效果和一般禪定的修法一樣：感到深沉的平靜、生理上的新陳代謝慢下來，並且生起一股祥和與幸福的感覺。

它們的效果和一般禪定的修法一樣：感到深沉的平靜、生理上的新陳代謝慢下來，並且生起一股祥和與幸福的感覺。

印度傳統中有瑜伽禪修法，也只觸及禪定的部分。傳統上的基本練習包括把心集中在單一對象上——包括石頭、燭焰或音節等等——不讓它四處遊盪。掌握這些基本技巧後，瑜伽士進一步把修行延伸到更複雜的禪修對象上，也就是唱誦、彩色的宗教圖像，以及身體的能量中心等等。無論這個禪修的對象有多麼複雜，這種禪修本身仍然只是禪定的練習而已。

佛教的禪修目標是覺知

在佛教的傳統之內，禪定也非常重要。不過有一個新的元素加進來了，並且被高度強調，那就是「覺知」。一切佛教的禪修都將目標放在促進覺知上，禪定只是被拿來做爲達到這個目標的工具而已。佛教的傳統非常廣泛，有好幾條不同的路線可以達到這個目標。禪宗①的禪修使用兩種截然不同的手段，第一種是以堅強的意志力全神貫注在覺知上，也就是只管打坐，拋開心中一切雜念，只是保持覺知地坐著。乍聽之下好像很簡單，其實不然（稍微試一下，你就會知道有多難）。第二種是臨濟宗②所使用的方法，把心從意識思惟導入純然的覺知，給學生一個難解的公案，讓他去想辦法解決，這令學生陷入一個可怕的處境。由於他無法擺脫那種痛苦的情況，逼得他必須進入當下意識思惟清淨純然的體驗，因爲沒有空間容得下意識思惟。禪宗很強硬，雖然它對許多人有效，不過學習起來並不簡單。

一切佛教的禪修都將目標放在促進覺知上，禪定只是被拿來做為達到這個目標的工具而已。

你真的是你嗎？

意識思惟，或者至少我們平時的做法，皆是自我的顯現，這個自我就是你平常所認為的那個「你」。

另一個宗派幾乎與禪宗完全相反，那就是密宗③。意識思惟，或者至少我們平時的做法，皆是自我（ego）的顯現，這個自我就是你平常所認爲的那個「你」。意識思惟與自我概念密不可分。自我概念或自我不外乎是一組心理印象與反應，那是人爲強加在源源不斷的清淨覺性之流上。密宗試圖藉由破壞這個自我形象而獲得清淨的覺性，它是透過觀想的過程達成。學生被給予一個特定的宗教形象，例如密續④的本尊⑤，以便進行禪修。他徹底投入，到達與本尊合一的程度。他放下自己的個人認同，換上一個新的。你可以想像得到，這需要花一點時間，不過確實有效。在這個過程中，他了解自我建構與成立的模式。他認出包括他自身在內一切自我，自以爲是的特質，因此能解脫自我的束縛。最後，他可以選擇一個自我，不論是以原來的或者他所希望的其他認同，更或者他也可以選擇都不要。結果是：清淨的覺性。密宗也不是你可以手到擒來的。

內觀是佛教最古老的禪修方法，這個方法源自佛陀親自宣說的《念處經》⑥（*Satipaṭṭhāna Sutta*）。內觀是直接開發正念或覺知，在數年之中逐漸進行。人們將注意力謹慎地放在密集檢視自身存在的某些層面上。禪修者訓練自己逐步覺察更多的生活經驗之流。內觀是一種溫和的技巧，不過卻也非常、非常徹底。它是一種古老而嚴謹的修心體系，一組以促進自身生活經驗覺醒爲目的的練習。它是凝神細聽、留意觀看與仔細試驗。我們學習正確地嗅聞、完全地接觸，以及全神貫注於這些經驗的變化。我們學習傾聽自己的想法，而不會陷入其中。

內觀禪修的目標，在於洞見現象乃是無常、苦與無我的實相。我們以爲自己已經這麼做了，其實那只是錯覺。從以下的事實就可以看出來：我們很少注意到自己生活經驗上的起伏，就像是睡著了一樣，也沒有花更多注意力去注意到我們根本沒有在注意——這又是另外一個矛盾。

透過正念覺知的過程，我們慢慢覺察到自身的實相，不再受困於自我的形象。我們覺悟到生命的實相，它不只是好壞雜陳，或棒棒糖與皮鞭而已，那是一種錯覺。如果我們勇於深入檢視，並且方向正確的話，將會發現生命的紋理遠比我們想像中的要更細緻與深奧。

如果我們勇於深入檢視，並且方向正確的話，將會發現生命的紋理遠比我們想像中的要更細緻與深奧。

一種真正活著的感覺

內觀是一種修心的形式，它能教導你以全新的觀點去體會這個世界。你將開始學習眞正發生在你身上、環繞在你身邊，以及在你內心的事。那是一種自我發現的過程，我想要了解生命真正的本質，我想知道真正活著是什麼感覺。

一種參與其中的審視，你可以一邊參與一邊觀察你自身的經驗。你應該抱著這樣的態度進行修行：「不要管先前別人是怎麼教我的，忘掉理論、偏見與刻板印象。我想要了解生命眞正的本質，我想知道眞正活著是什麼感覺，我想領會生命眞實而又深奧的意義，我不想只是接受其他人的解釋，我想親自見證。」

如果你能以這樣的態度去修行，就一定會成功。你將發現自己能夠客觀而如實地觀察事物的持續流動與變化。生命將呈現不可思議的豐饒，無法用言語加以形容，只能親自去體會。

內觀，讓你用特別的方式去看

內觀禪修的巴利文是 vipassanā bhāvanā。bhāvanā 的字根是 bhu，意思是「成長」或「成爲」。因此bhāvanā的意義是培養，這個字總是與心並用，所以bhāvanā可以翻譯成「修心」或「修行」。vipassanā則是由兩個字根演變而來。passana是「看見」或「察覺」，vi則是字首，有複雜的內涵，可以粗略翻譯成「以一種特別的方式」，或者「進入與透過一種特別的方式」。vipassanā整體的意義是清楚而精確地洞見事物，認清每一個成分，撥開重重迷霧，掌握事物的實相。這個過程將帶領我們清楚認識每一個被檢視對象的根本事實。將兩個字放在一起，vipassanā bhāvanā的意義就成爲：修心，以便能以一種特別的方式看見，終致產生洞見與完全的覺悟。

在內觀禪修中，我們培養這種看見生命的特殊方式。我們訓練自己如實洞見事物的本質，並將這種特殊的覺察模式稱爲「正念」。這個正念的過程確實與我們平常所做非常不同。我們通常並沒有眞正看清楚眼前的事物，而是透過思惟與概念的有色眼鏡去看待生命，並且誤以爲那些心靈的對象是眞實的。我們深陷於這個無盡的思惟之流中，而實相則不經意地從我們身旁溜過。我們總是無休止地追求歡樂與滿足，努力逃避痛苦和不愉快。我們耗費所有精力，試圖讓自己感覺更好，以掩飾內心的恐懼和不安。在此同時，眞實經驗的世界則悄悄地從我們身邊溜走。在內觀禪修中，我們訓練自己忽略經常想追求舒適的衝動，而以探究實相取而代之。諷刺的是，唯有當你停止追求平靜時，眞正的平靜才會來臨——又是另一個矛盾。

唯有當你停止追求平靜時，真正的平靜才會來臨。

當你放下追求舒適的渴望時，眞正的滿足才會生起；當你不再興奮地追求滿足時，生命的眞實之美才會降臨；當你能夠不帶幻想地覺知實相，並且承擔所有痛苦與危險時，才會達到眞正的解脫與安穩。這不是我們試圖灌輸給你的教條，它是一個看得見的事實，你能夠而且應該親自去驗證。

不要在自己身上裝上別人的腦袋

佛教已經有兩千五百年的歷史了，任何一個如此悠久的思想體系，都有足夠的時間發展出繁瑣的教理與儀式。不過，佛教的根本態度始終是重視經驗和反對權威。佛陀不但不強調正統，而且他還是個眞正反傳統的人。他並未將他的教導制定爲教條，而是提出一組主張，讓人們自己去驗證。他邀請每一個人：「親自來看。」他對弟子說過一句話：「不要在你自己身上裝上別人的腦袋。」意思是說，不要一味地相信別人的話，要自己去看。

我們希望你在閱讀這本手冊的每個字時，都要抱持這樣的態度。我們不會說只因爲我們是這個領域的權威，所以你就應該接受我們的看法。這完全不是迷信，而是經驗的實相。學習根據書中的教導去調整你的認知模式，你將會親自看見，也唯有那樣，才能爲你提供一個信仰的基礎。基本上，內觀禪修是一種自我發現的練習，需要你親自去探究。

基本上，內觀禪修是一種自我發現的練習，需要你親自去探究。

說到這裡，我們接著將提出一個簡短的佛學要點導覽。我們並不想完整地談，這點已經有其他的書做得很好了。不過，由於這些內容對於了解內觀有其必要，因此必須稍微提一下。

此時此刻，你正在老化

從佛教的觀點來看，我們人類是活在一個非常奇特的生活樣式中。雖然身邊的每一件事都不斷在變化，我們卻仍將無常的事物看成恆常。變化的過程永遠持續發生，一如你現在在讀這些字句時，你的身體正在持續老化，然而你根本沒注意到；你手中的書正在衰敗，印刷正在褪色，書頁正在斑駁；你身邊的牆正在朽化，牆裡面的原子以極高的速率在振動。每件事都在變化、崩解與緩慢消失，這點你也沒注意到。然後，有一天你看著自己，你的皮膚發皺，關節也在疼痛。你發現書本是一種會泛黃敗壞的東西，建築物也正在瓦解。因此，你爲失去的歲月而感傷，爲失去你所擁有的東西而哭泣。這種痛苦來自何處？它來自於你自己的不注意。你未能在生活中看清楚，當它經過時，未能觀察世界持續的變化之流。你創造了心靈構築的集合體：「我」、「書」和「建築」，並且認爲那些都是堅固的實體，會一直持續存在——雖然它們永遠不可能如此。但是現在，你可以覺察到無常的腳步，你可以學習將生命視爲不斷流動的過程，你可以學習看出一切因緣法的連續流動。你可以，只需要時間與練習。

但是現在，你可以覺察到無常的腳步，你可以學習將生命視為不斷流動的過程，你可以學習看出一切因緣法的連續流動。

停止概念化的反應

人類的知覺習慣在某方面是非常愚蠢的。我們忽略了百分之九十九實際接受到的感官刺激，並且將剩餘的感官刺激加強固化為個別的心所⑦。然後，我們再對那些心所做出習慣性的反應。

例如：在平靜無聲的夜裡，你獨自坐著，遠方有一隻狗在狂吠，這件事本身，並無好壞可言。寂靜的海面傳來浪濤聲，你開始傾聽這悅耳的組曲，它們已經轉變成神經系統內生氣勃勃的電子傳導所引發的神經刺激。這個過程應該被當做無常、苦與無我的經驗。我們人類卻完全忽略這個事實，而將那個知覺定型為一種心所，我們為它貼上標籤，並陷入一連串情結與概念的反應。「又是那隻狗，牠總是在晚上叫，眞討厭。每天晚上牠都讓人不得安寧，應該有人想想辦法才是。也許我應該報警，不，應該找捕狗隊，嗯，找動物收容所才對。不，也許我應該寫一信去咒罵狗的主人。不，太麻煩了，我還是去拿耳塞就好了。」這些都只是知覺上的心靈習慣。你從小就學習做這樣的反應，你只是在複製身旁親友的知覺習慣。這些知覺上的反應並非生來就根植於神經系統的構造之內。迴路就在那裡，不過這並非心靈機制可以使用的唯一方式。以前學過的可以不去想它，第一步是先了解你正在做的事，退

你從小就學習做這樣的反應，你只是在複製身旁親友的知覺習慣。

到後面靜靜地看。

快樂是苦惱的根源

就佛教而言，我們人類的生命觀是正好顚倒的，我們把眞正的苦因看成快樂。苦的原因是我們前面所說的「愛／憎」的病症，一種立即反應的知覺。它可能是任何東西，例如：迷人的女郎、英俊的傢伙、遊艇、烤麵包的香味，或者是休閒拖車等。無論是什麼，我們接下來會做的是，憑感覺對刺激做出反應。

例如憂慮，我們非常憂慮，憂慮本身就是問題。憂慮是一個過程，它有步驟。憂慮並非只是一種存在的狀態，而是一組程序。你必須做的是，觀看那個程序的開頭，那些過程萌生的最初階段。憂慮的第一個環節是「執著／排斥」的反應。只要現象一在心中躍現，我們便在心理上嘗試去捕捉它或推開它，那就開啓了憂慮的一連串反應。所幸，有一個名爲內觀禪修的工具，可以癱瘓這整個機制。

內觀禪修教導我們如何清晰地審視自己的覺知過程。我們學習以一種不偏不倚的態度，去觀看思惟與感受的生起。我們學習平靜而清楚地看自己對於刺激有何反應。我們看著自己的反應，而不會陷入其中，思惟的迷惑本質會慢慢消失。我們仍然可以結婚，也還是可以走自己的路，

內觀禪修教導我們如何清晰地審視自己的覺知過程。

不過，我們不須因此沉淪。

跳脫思惟迷惑的本質，將產生一個全新的實相觀點。

跳脫思惟迷惑的本質，將產生一個全新的實相觀點。它是一種完整的典範轉移，一種覺知機制的徹底改變。它跳脫迷惑，帶來解脫的喜悅。因爲這些利益，佛教視這種觀看的方式爲生命的正見，佛教經典將之稱爲「如實觀」。

你的心裡有個「我」

內觀禪修是一套訓練的程序，它能逐漸打開「如實觀」的新視野。新的事實，必定來自新的觀點，其中的關鍵就是：「我」。仔細觀察，我們就會發現，一切的認知都離不開「我」。我們將流動的思惟、感覺與感受定型爲一種心靈架構，然後貼上「我」的標籤。長此以往，我們遂認爲它是靜止的實體，可以獨存於其他一切事物之外。我們將自己抽離宇宙永遠的變化過程，然後再感嘆自己是多麼孤單。我們忽略自己與其他事物根深柢固的關聯性，堅持「我」的存在，然後再爲人類的貪心與遲鈍感到驚訝；這個循環不斷地發生。每一個惡行，每一個世上殘酷的案例，都直接源自這個獨立實存的「我」的邪見。

打破概念的假象

如果你打破那個概念的假象，你的整個世界都會改變。雖然如此，也別期望能在一夕之間辦到。你花了一輩子在建構那個概念，過去那些年來，每一個思惟、語言與行爲都強化了你對它的信念。它不會立即消失，不過如果你付出足夠的時間與注意力，它一定會改變。內觀禪修是瓦解那個概念的一組過程。只要持續觀察它，你就能逐漸剷除它。

「我」的概念是一種過程，它是日積月累形成的。藉由內觀，我們學習觀看我們正在做什麼，何時做，以及如何做。然後，那個心態會移動與消失，就像白雲飄過蔚藍的晴空。我們將會置身於自己可以決定做或者不做的狀態，端視當時的情況是否適合而定。強制性不見了，現在我們可以有所選擇。

藉由內觀，我們學習觀看我們正在做什麼，何時做，以及如何做。

禪修，可以使你更清醒地活

這些都是重要的洞見，每一個都是對於人類存在此一根本議題的深刻體悟。它們不會快速出現，也不可能不勞而獲。不過，報酬是很大的，它們會導致生命的徹底轉化，你存在的每一秒鐘都將因此而改變。致力於此道的禪修者，將達到至善的心態，那是一種對一切衆生純淨的愛，以及苦的完全止息。那個目標絕不算小，不過，你也不要急於採收成果，因爲利益將立即展開，並且日積月累遞增。它的功能是漸進的，打坐的次數愈多，對存在的眞正本質就了解得愈深刻。你花愈多時間在禪修上，當每一個衝動與動機、思惟與感情在內心生起時，你靜下來觀察它們的能力就愈強。你在解脫上的進步，可以根據坐墊上的時間來衡量。當你覺得已經足夠時，隨時可以中止禪修的過程。除了你自己對洞見生命眞實本質的渴望之外，其中並無任何強制性的規定，你是爲了提升自己以及他人的存在而修禪。

內觀禪修是立足於經驗，而非理論。在禪修的過程中，你敏於覺察實際的生活經驗，如實覺知事物的本質。你並非坐著發展關於生活的崇高思想，你只是清楚地活著。內觀禪修，就只是學習好好活著，再也沒有比這個更高遠的目標。

注釋

①禪宗，又稱為佛心宗、達摩宗、無門宗。指以菩提達摩為初祖，探究心性本源，以期待「見性成佛」的大乘宗派。是中國十三宗以及日本十三宗之一。中國自古就把專注坐禪者的系統，稱為「禪宗」。

②臨濟宗，中國佛教禪宗的一派。唐代禪師義玄從黃檗禪師得法後，在唐大中八年（西元854年）到鎮州，於滹沱河邊建立臨濟禪院，舉揚宗風，廣接徒衆。宗派也因寺而得名。弟子有灌溪志閒、寶壽沼、三聖慧然、興化存獎等多人。到宋初，更分出黃

龍、楊岐兩支派。臨濟宗自義玄以來，門徒繁盛，未曾斷絕，並東傳日本。

③密宗，一種佛教宗派。一般認為密宗是七世紀以後婆羅門教融入大乘佛教的產物。強調三密（身、語、意）加持，即手結印契、口誦真言、觀想本尊等禪修方法為「即身成佛」的捷徑。流行於中國唐代、西藏、台灣、日本，也有人稱為祕密教、密教、密乘、金剛乘、真言宗。

④密續（tantra），在佛教中有兩義，一有延續不斷的意思，指從無知到證悟延續不斷之流，另一是指密續經典，有四部瑜伽：行續、事續、瑜伽續、無上瑜伽續。在此指前者，也就是所謂的密續乘，即使用適合行者根器的特殊法門，迅速圓證空性和大悲。

⑤本尊：指密乘修行者所遵奉觀修的一至數位佛、菩薩、金剛等，有有相、無相二義，有相之本尊謂本尊的形象、種子字、手印等，無相之本尊指自性清淨心，亦為修行者的自性清淨心。

⑥《念處經》，此處所指為巴利藏的《念處經》，佛陀在《念處經》中說，四念處（觀身不淨、觀受是苦、觀心無常、觀法無我）的修習，是內觀禪修的最高級課程；專注身體構造部分的練習，不祇能通向內觀，而且也是藉著訓練專注，使心寧靜的最高課程。

⑦心所，又作「心所有法」、「心所法」等。五位法（色法、心法、心所有法、心不相應行法、無為法）之一。指相應於八識「心王」（心的主體或主樞作用）而生的各種心理活動、精神現象，為心所具有的功能。

第四章

態度

在上個世紀，西方科學家有了令人驚訝的發現，我們都是我們所看見的世界的一部分，我們觀察的過程會改變我們正在觀察的事物。例如，電子是一個很小的東西，假如沒有透過儀器，我們根本看不見它，而那個觀察的設備決定了觀察者將會看見什麼。如果你以一種特別的方式觀察電子，它呈現出來的就是一個粒子，也就是一個以筆直的路線四處碰撞的堅硬小球。當你以另一種方式觀察時，電子則呈現波的形式，出現折射與波動的現象，完全沒有堅固的實體。與其說電子是一個物體，不如說它是一個事件，觀察者藉由觀察的行爲參與了那個事件，沒有其他的方式可以避免這樣的互動。

修行的態度

東方科學在很早以前就已經認識這個基本原則。心本身是一組事件，每一次內觀時，你都參與那些事件之中。禪修是一種參與性的觀察：你正在看什麼，取決於你觀看的過程。在這種情況下，正在看的那個人才是你，而你看到什麼，則端視你如何觀看而定。因此，禪修的過程是很微細的，結果完全取決於禪修者的內心狀態。修行要能成功，以下的態度非常重要。這些原則多數並不陌生，我們把它們蒐集在一起，做爲有系統的運用準則：

禪修是一種參與性的觀察：你正在看什麼，取決於你觀看的過程。

（一）**不要有所期待**。只管好好坐著，看看發生什麼事。把整件事看成是一項實驗。把行動的興趣放在試驗本身，不要因爲期待結果而分心。無論如何都不要對結果感到焦慮，讓禪修依循自己的速度與方向前進，直接讓它來教導你。禪修的覺察是爲了看見事物的實相，無論它是否符合我們的期待，都不應該先預設立場。在坐禪期間，我們應該將印象、意見與詮釋都封存起來，否則很容易被它們絆住。

（二）**不要繃得太緊**。不要過度勉強或讓自己太緊繃。禪修不是侵略，不應該也不需要嘗試激烈的修行。讓你的努力保持輕鬆與穩定。

（三）**不要匆忙**。不要急，慢慢來。把你自己安置在坐墊上，好整以暇地，好像你有一整天的時間一樣，坐著就好。任何眞正有價値的東西，都需要時間去醞釀與發展。忍耐、忍耐再忍耐。

（四）**不要執著任何東西，也不要排斥任何現象**。該來的就讓它來，無論發生什麼事，都要隨遇而安。如果出現好的現象，那很好；如果出現壞的現象，那也很好。以平常心看待它，無論發生什麼事，都讓自己保持自在。不要對抗你所經驗到的事，只要充滿正念地看著它。

該來的就讓它來，
無論發生什麼事，
都要隨遇而安。

（五）**放下**。學習隨著出現的變化而流動，保持自然與輕鬆。

（六）**出現任何事都要接受**。接受你的感覺，即使那是你最不希望擁有的；接受你的經驗，即使那是你所憎恨的。不要爲了人類會有的缺點與過失而自責，學習將心裡的一切現象看成自然與可理解的。試著尊重你所經驗到的一切，隨時敞開心胸接受它們。

（七）**善待自己**。對自己親切一點，你也許並不完美，卻是你自己不可或缺的工作夥伴。達到你所期望的目標之前，首先你得完全接受你現在的樣子。

（八）**質問你自己**。質疑每一件事，沒有什麼事是理所當然的。不要因爲它聽起來頭頭是道，或是聖人所說，就相信它。要親自去看，但並不表示你應該憤世嫉俗、放肆或不敬，那只是說你應該以經驗爲本。一切主張都應該透過你自己的經驗加以檢驗，然後讓驗證的結果成爲你追求眞理的嚮導。內觀禪修的動機是來自於對覺悟實相的渴望，以達到眞實解脫的智慧。整個修行都是以此爲依歸，少了它，禪修就會變得膚淺。

一切主張都應該透過你自己的經驗加以檢驗，然後讓驗證的結果成為你追求真理的嚮導。

（九）**視一切問題爲挑戰**。將一切出現的負面因素，視爲學習與成長的機會。不要逃避它們，也不要自責或黯然神傷。你有問題嗎？太好了，又有更多自我砥礪的機會。歡喜地承受，投入其中並加以探究。

（十）**不要用想的**。你不需想出答案，推論式的思考並無助於你脫困。在禪修中，心自然地藉由正念，藉由無言的專注力而被淨化。要對於消除那些困住你的事，並不需要習慣性的思慮，你需要的只是清晰而具體地覺知「那是什麼」，以及「它如何運作」，單靠如此就足以解決問題。概念與推理都只會造成阻礙，不要用想的，要去看。

（十一）**不要停留在分別念中**。人與人之間確實有差別，不過停留在比較上是危險的。不小心處理的話，它很可能會變成以自我爲中心，導致內心充滿貪念、嫉妒與驕傲。一個人在街上遇見另一個人，立刻想到：「他比我好看。」結果馬上出現嫉妒或羞愧的情緒。一個女孩看見另一個女孩可能會想：「我比她漂亮。」結果馬上出現驕傲忘。彼此比較是一種內心的習慣，它會造成貪心、羨慕、驕傲之心、嫉妒或憎恨等惡念。這些都是有害的，可是我們卻一直這麼做。我們與他人比較外表、成就、財富、資產或智商，這一切都會造成相同的結果，那就是疏遠、隔閡與敵意。

彼此比較是一種內心的習慣，它會造成貪心、羨慕、驕傲之心、嫉妒或憎恨等惡念。這些都是有害的，可是我們卻一直這麼做。

注意力放在自己與他人的相似處

禪修者的工作就是藉由徹底檢視它，並以正念取代它，來消除這種不善的習慣。相較於注意自己與別人的差異，禪修者訓練自己注意兩者的相似之處。他將注意力集中在衆生普遍皆有的因素，亦即那些會拉近他與別人距離的事物上。所以如果有比較的話，那也只會帶來親密而非疏遠。

呼吸是一個普遍的過程。一切脊椎動物的呼吸法基本上都是相同的，所有生物與外在環境交換氣體的方式都大同小異。這是選擇呼吸做爲禪修焦點的原因之一。禪修者藉由練習入出息念，進而體會我們與其他生命的一體性。這並不表示我們應該對差異視若無睹，差異確實存在，它只意謂著我們不要去強調差異，而要將重點放在大家共有的普遍因素上。

觀察你的感覺和意識的變化

正確的程序應該是，當我們禪修接觸到任何一個感官對象時，不應該以自我爲中心停留在它上面，而是應該觀看那個對象如何影響我們的感官與認識。我們應該觀察生起的感覺，以及隨之而來的心理活動。此外，我們也應該注意意識的變化。在觀察這些現象時，我們應該清楚覺知被觀察的那些事物的普遍性。剛開始接觸事物時，我們心裡會迸出喜歡、討厭或普通的感覺火花。那是一種普遍的現象，和發生在別人身上一樣地發生在我們自己身上，我

在觀察這些現象時，我們應該清楚覺知被觀察的那些事物的普遍性。

們應該看清楚這點。在這些感覺之後，可能會出現各種不同的反應，我們可能會感受到貪欲、性欲或嫉妒，也可能感到恐懼、憂慮、不安或無聊。這些也都是很普通的反應，我們應該單純地注意它們，然後接受它們。我們應該了解這些都是正常的人性反應，可能會發生在任何一個人身上。

這種練習，剛開始時可能會讓人覺得勉強或做作，但是和我們平常所做相比，並不會不自然，我們只是不熟悉而已。藉由練習，這種習慣取代了我們平常以自我爲中心的比較，而且一旦熟悉之後，我們會覺得更自然。最後，我們會充滿包容與體諒之心，不再因爲外在事物而沮喪或自滿，逐漸能與一切衆生和諧共處。

第五章

練習

雖然禪修有許多主題，我們強烈建議你從專注於呼吸開始，以達到某種程度的基本定力。請記得，你這樣做，並非修習什麼高深或純粹的禪定技巧，你是在練習正念，因此只需要某種程度的基本定力即可。你希望逐步開發正念，以獲得覺悟實相的洞見與智慧；你希望了解這個身心複合體實際的運作方式；你希望去除一切煩惱，好讓你的生命達到眞實的安穩與快樂。

不能如實觀，就無法淨化內心。「如實觀」是如此沉重與模糊的字眼，許多初學禪修者都不了解我們的意思，很容易把它誤解成視力，以爲只要有好的視力，就能把目標看得很清楚。

當我們使用這個與禪修洞見相關的字眼時，無論如何，我們的意思都不是指表面上用肉眼看事情，而是指用智慧認清事物的實相。用智慧去看的意思是指：在身心複合體的架構內，排除源自貪、瞋、癡的偏私與成見去看待事情。一般來說，當我們觀看自身這個身心複合體的運作時，會傾向於忽略我們不喜歡的事，而執著於我們所喜歡的。這是因爲我們的心，通常都受到貪、瞋、癡的影響。我們的本我、自我或成見，就像有色的鏡片一樣，擋在眼前，妨礙我們的判斷。

用智慧去看的意思是指：在身心複合體的架構內，排除源自貪、瞋、癡的偏私與成見去看待事情。

專注地觀察你自己

當我們留心觀看我們身體的感受時，不應該將它們與心行①混淆，因爲身體的感受可以完全獨立於心外生起。例如，我們本來坐得很舒服，但是過了一會兒，背部與雙腿開始出現不舒服的感覺。我們的心立即體會到不舒服，並且圍繞著這個感覺形成很多想法。這時，在不混淆感覺與心行的前提下，我們應該將感覺獨立出來，並且注意觀看。感受是七種普遍的心理因素之一，其他六者是接觸、認知、注意、專注、生命力與意志②。

其他時候，某些情感，例如憎恨、恐懼或欲望可能會生起。在這些時候，我們應該單純而如實地觀看這些情感，而不把它與其他事物混淆在一起。如果我們把色、受、想、行、識等「五蘊」③捆綁在一起，把它們都籠統地視爲一種感覺，我們就會被混淆，因爲感覺的來源已經被遮蔽了。如果我們只是停留在那種感覺上面，而沒有把它與其他心理因素分開，我們要想覺悟實相，就會變得很困難。

我們希望能洞見無常，以克服自身的痛苦與無知：藉由覺知苦諦④，克服那造成痛苦的貪欲；藉由無我的智慧，克服從自我概念衍生出來的無知。要達到這些洞見，我們必須先將身與心分開來看；除此之外，我們還應該了

藉由覺知苦諦，克服那造成痛苦的貪欲；藉由無我的智慧，克服從自我概念衍生出來的無知。

解它們基本的關聯性。當我們的洞見愈敏銳，我們就愈能明白五蘊、名色⑤（身心）都是相互依存的，它們無法獨立存在。因此，我們愈能眞正了解那個著名的寓言，亦即一位盲人有健康的身體，而另一位殘障者則有一雙好眼睛。他們兩個人一旦分開來，都是受限的；但是當殘障者爬上盲人的肩膀時，他們兩個人就可以一起旅行，並且輕鬆達到目標。身與心也一樣，單靠身體無法爲自己做任何事，它就像一塊木頭，本身無法移動或做什麼，只能逐漸邁向死亡；心沒有身體的幫助也沒有辦法做好任何事情。但是當二者在正念之下合作時，就可以成就許多美好的事。

找一個地方靜坐，我們可能會獲得某種程度的正念。

找一個地方靜坐，我們可能會獲得某種程度的正念。參加閉關活動，花幾天或幾個月，觀察我們的感受、知覺、數不清的想法與各種意識狀態，最後也可能讓我們達到平靜與安詳。但是我們通常沒有那麼多時間可以在一個地方專心修禪，因此，應該找一個方法，把正念運用在日常生活裡，以應付每天無法預期的突發事件。

我們沒有真的愛自己

每天會發生什麼事是無法預知的，因爲我們是活在一個多元與無常的世界裡，因此事情的發生往往有多重因緣。正念是我們的急救箱，隨時可以派上用場。當我們遇到一個令人憤怒的情況時，如果能留心觀察自己的心，則必然會發現令自己感到苦澀的實相，例如，我們很自私、總是自我中心、固執己見、認為只有自己是對的、充滿成見也滿懷偏見。此外，我們也看到了形成這一切的根本原因——我們沒有眞的愛自己。這個發現，雖然苦澀，卻是最值得的經驗。它最後將能幫助我們從根深柢固的心理與精神痛苦中解脫出來。

這個發現，雖然苦澀，卻是最值得的經驗。

正念的練習是對自己百分之百誠實的練習。當我們看自己的身心時，必須注意一些我們其實不喜歡去了解的事。因為不喜歡，所以我們會試圖排斥它們。哪些事是我們不喜歡的呢？我們不喜歡與所愛分離，與所惡聚首。除了人、地、事之外，我們還將意見、觀念、信仰與決定等等，都納入好惡的範圍。我們不喜歡自然發生在我們身上的事，舉例來說，我們不喜歡變老、生病、衰弱或說出自己的年齡，因為我們想青春永駐；我們不喜歡接受別人的指責，因為我們對自己相當自負；我們不喜歡比我們聰明的人，因為我們眼中只有自己。這些都只是少數幾個我們個人貪、瞋、癡經驗的例子而已。

謝謝你指責我

當貪、瞋、癡在我們的日常生活中出現時，要用正念去追蹤與理解它們的根。這些心理狀態的根就在我們自己裡面。舉例來說，如果我們沒有瞋恨的根，沒有人能讓我們憤怒。因爲是瞋怒的根對某人的行動、語言或行爲做出反應。如果我們正念分明，我們就會努力用智慧去觀心。如果我們內心沒有瞋恨，當別人指出我們的缺失時，我們就不會在意。相反地，我們還會感謝別人注意到我們的過失。我們應該非常明智與愼重地感謝指責我們的人，因爲他們幫助我們步上改進之道。我們每個人都有盲點，別人就是我們的鏡子，我們可以透過智慧從上面看到我們自己的缺點。我們應該把爲我們指出缺點的人，看成爲我們挖掘寶藏的人，那些寶藏是我們自己也不曉得的。只有了解自己的缺點，才有辦法改進自己。改進自己是促成生命圓滿的不變之道。在我們試圖超越自己的缺點之前，應該先知道它們是什麼。只有在克服這些缺點之後，才有可能成功開發潛在的高貴品德。

我們應該把為我們指出缺點的人，看成為我們挖掘寶藏的人，那些寶藏是我們自己也不曉得的。

請如此思惟：如果我們生病，就應該找出生病的原因，唯有如此，我們才能獲得治療。如果堅稱自己沒有生病，即使明明在受苦，也無法獲得治療。同樣地，如果我們認爲自己沒有這些缺點，就永遠也不可能淨化我們的精神之路。如果我們看不見自己的缺點，就需要別人爲我們一一指出來。當他們爲我們指出缺點時，我們應該像舍利弗尊者一樣感謝他們，他說：「即使是一個七歲沙彌指出我的過失，我也會欣然接受，並向他獻上最高的敬意。」舍利弗尊者是一個百分之百具足正念的人。由於他不驕傲，所以他能保持這樣的態度。雖然我們不是阿羅漢⑥，我們也應該仿效他的範例，因爲我們生命的目標和他是一樣的。

當然，指出我們缺點的人本身也並非毫無缺點。我們能看出他的缺點，就像他能看出我們的過失一樣。他同樣不會注意到自己的過失，直到我們爲他指出來爲止。指出他人缺點者，與回應他人指責者，兩者都應該具有正念。如果有人以粗魯的語言，輕率地指責別人，那麼他對自己、對別人都會造成傷害，無法帶來任何好處。懷抱著瞋恨心說話，不可能有正念，也無法清楚地表達自己。此外，當一個人聽到粗魯的言語時，他會覺得受到傷害，可能因此而失去正念，聽不進別人眞正的話。我們應該以正念說話，以正念聆聽，這樣才能得到說話與聆聽的利益。當我們以正念聆聽與說話時，我們的心就解脫了貪欲、自私、瞋恨與妄想的束縛。

當我們以正念聆聽與說話時，我們的心就解脫了貪欲、自私、瞋恨與妄想的束縛。

禪修要有目標

身爲禪修者，我們都應該有一個目標，如果盲目追隨別人的指導，那無異是瞎子摸象。在意識清楚與主動的情況下，無論我們做什麼，都應該有一個目標。內觀禪修者的目標不是比別人早一點開悟，或更有力量，或比別人得到更多的利益。禪修者不會爲了正念和別人競爭。

內觀禪修者的目標不是比別人早一點開悟，或更有力量，或比別人得到更多的利益。

我們的目標是把潛在的善德完全開發出來。這個目標有五個要素：淨化內心、擺脫憂愁、解脫痛苦、實踐究竟寂滅的正道，以及由遵守正道而達到快樂。將這五個要素謹記在心，我們就能懷抱希望與信心前進。

一旦坐下，就不要任意改變姿勢

一旦你坐下之後，就不要任意改變姿勢，直到預定的時間結束爲止。假設你因爲不舒服，而改變原先的姿勢，不一會兒，你又會覺得那個新的姿勢也不舒服，那麼你就想再改變，但是不久之後，還是會不舒服。整段坐禪的時間裡，你可能都不斷地在坐墊上騰挪、移動和改變姿勢，你會因此而無法獲得深刻的禪定。所以，你應該儘量設法不要改變姿勢。我們將會在第十章中，討論如何處理疼痛的問題。

爲了避免姿勢不斷改變，禪修開始時，就應該決定你打算坐多久。如果你以前從來沒有禪修過，儘量不要坐太久，最好不要超過二十分鐘。你可以在下次練習時，逐漸增加坐禪的時間。坐禪的長短取決於你有多少時間，以及你對疼痛的忍受程度如何。

當我們準備好，我們就會到達那裡

我們不應該有達到目標的時間表，因爲我們的成就，是取決於我們的覺知，以及心理的成熟度。我們應該努力與謹愼地朝向目標修行，而不要預設任何時間表。當我們準備好時，我們就會到達那裡。我們需要的只是爲到達目標做好準備。

坐定之後，閉上你的眼睛。我們的心就好像一杯混濁的水，裝著濁水的杯子靜置的時間愈久，泥沙就愈能沉澱下來，水也將更加澄澈。同樣地，如果你保持身體靜止不動，將整個注意力集中在禪修的目標上，你的心就會安定下來，並且開始體會禪修的喜悅。

達到這個目標之前，我們應該先做好準備，把心保持在當下的時刻。當下瞬間即逝，漫不經心的觀察者根本注意不到它的存在。每一個時刻都是一個事件，沒有一個時刻是空白的。當我們專注於當下時，就會注意到那個時刻的事件。因此，我們應該時時刻刻專注於當下。我們的心

當下瞬間即逝，漫不經心的觀察者根本注意不到它的存在。

通過一連串的事件，就像一系列圖片通過投影機，其中有些圖片來自過去的經驗，其他則是未來計畫的想像。

沒有對象，心就不可能集中。因此，我們應該給心一個對象，並且必須是在每一個時刻都能適用的。有一個這樣的對象就是我們的呼吸。心不需要費很大的力氣去尋找呼吸，每一個時刻，呼吸都透過我們的鼻孔進出。我們內觀禪修的練習，都是在清醒的時刻下進行，要將心集中在呼吸上並不難，因爲呼吸比任何其他目標都更明顯而且經常出現。

要將心集中在呼吸上並不難，因為呼吸比任何其他目標都更明顯而且經常出現。

如前所說，坐定，並且把慈心分送給所有人之後，深呼吸三次。三次深呼吸之後，恢復正常的呼吸，讓你的呼吸自由地進出，再輕鬆地，將你的注意力集中在鼻孔的邊緣。單純注意呼吸進出的感覺：在吸完氣即將把氣呼出之前，有一個短暫的停頓，注意它，並且注意呼氣的開始。在呼完氣即將吸氣進來之前，又有另一個短暫的停頓，同樣也注意這個短暫的停頓。這表示有兩次短暫的停頓，分別在吸氣結束與呼氣結束時。由於這兩次停頓發生的時間如此短，以至於你幾乎察覺不到它們的存在。但是當你有正念時，你就能注意到它們。

不要以言語表述或賦予它任何概念，只要注意呼吸的進出就好，不要說：「我吸進」或「我呼出」，當你集中注意力在呼吸上時，忽略任何思惟、記憶、聲音、香氣與味道，只專注於呼吸，排除其他任何事物。

開始時，吸氣與呼氣都很短，因爲身與心都尚未放鬆。當它們發生時，注意那個短暫吸進與短暫呼出的感覺，不要說：「短吸」或「短呼」。當你持續注意短吸與短呼的感覺時，你的身心會變得相對平靜。接著，你的呼吸會變長，只要注意那個長呼吸的感覺，不要說：「長呼吸」。從頭到尾都要注意整個呼吸的過程。接著，呼吸會變細，身與心也會變得比先前更安定。注意呼吸平靜與祥和的感覺。

當心跑開時怎麼辦？

雖然你努力把心維持在你的呼吸上，心還是會跑開。心可能會跑向過去的經驗，突然間，你發現自己回憶起以前去過的地方、遇見過的人、久未謀面的朋友、很久以前讀過的一本書，或者昨天吃過的食物的味道等等。當你注意到你的心不在呼吸上時，馬上以正念將它拉回，並把它安頓在那裡。無論如何，你可能再次分心，想起該如何付你的帳單、洗你的衣服、買你的雜貨、參加一個派對、計畫你的下一次休假等等。當你注意到你的心不在你的對象上時，馬上以正念把它拉回來。以下是一些關於修習正念

當你注意到你的心不在你的對象上時，馬上以正念把它拉回來。

的技巧，它能幫助你增強定力。

（一）**數息**。像這樣的情況，數息可能會有幫助。它的目的只是把心集中在呼吸上，一旦你的心集中在呼吸上了，就可以放棄數息。這是增長定力的措施。數息的方式有很多種，任何一種數息都應該在心裡進行，不要發出任何聲音。以下是一些數息的方式：

數息的方式有很多種，任何一種數息都應該在心裡進行，不要發出任何聲音。

(1) 吸氣時，數「一、一、一、一⋯⋯」直到肺部吸滿新鮮空氣；呼氣時，數「二、二、二、二⋯⋯」直到肺裡的新鮮空氣吐盡爲止。接著，再吸氣時，數「三、三、三、三⋯⋯」直到肺部吸滿新鮮空氣；再呼氣時，數「四、四、四、四⋯⋯」直到肺裡的新鮮空氣吐盡爲止。如此數到十，然後一直重複這個過程，直到心能集中在呼吸上爲止。

(2) 第二種數息的方法是快速數到十，在數「一、二、三、四、五、六、七、八、九、十」時，吸氣；接著再數「一、二、三、四、五、六、七、八、九、十」時，呼氣。換言之，一次吸氣你要數到十，一次呼氣也要數到十。如此重複，直到心能集中在呼吸上爲止。

(3) 第三種數息的方法是用累進的方式數到十。這一次，吸氣時，數「一、二、三、四、五」（只到五）；接著呼氣時，數「一、二、三、四、五、六」（只到六）。然後再吸氣時，數「一、二、三、四、五、六、七」（只到七），再呼氣時，數「一、二、三、四、五、六、七、八」（只到八）。接著吸氣時數到九，呼氣時數到十。如此重複，直到心能集中在呼吸上爲止。

(4) 第四種數息的方法是採取一個長呼吸。當肺裡吸滿空氣時，在心裡數「一」，之後呼氣，直到肺裡的新鮮空氣完全吐盡，在心裡數「二」。接著，當肺裡吸滿空氣時，再默數「三」，之後吐氣，直到肺裡的新鮮空氣完全吐盡，再默數「四」。像這樣一直數到十，然後再從十數到一。再從一數到十，之後再從十數到一。

(5) 第五種數息的方法是呼與吸合起來數。當肺裡的新鮮空氣吐盡時，在心裡數「一」，這一次你應該將吸與呼當成一次。接著，吸氣、吐氣時，默數「二」。這種數息的方式應該只數到五，然後再從五到一。重複這個方法，直到你的呼吸變得細微與安定爲止。

請記得，你不一定要一直數息。當你的心安止在吸氣與呼氣都會接觸的鼻尖上，並且開始覺得自己的呼吸如此細微與安定，以至於幾乎無法分辨吸氣與呼氣時，就應該放棄數息。數息只用在訓練將心專注於一個對象上。

數息只用在訓練將心專注於一個對象上。

（二）**連接**。吸氣之後，你不用再等著注意吐氣前的短暫停頓，而是將吸氣與呼氣連接起來，因此你注意到，吸氣與呼氣二者已經合為一個連續的「呼吸」。

（三）**固定**。將吸氣與呼氣連結起來之後，將你的心固定在吸氣與呼氣都會碰觸到的點上。吸氣與呼氣，就像一次呼吸進出的碰觸，或對鼻孔邊緣的摩擦。

（四）**像木匠一樣集中你的心**。木匠總會在他想切割的木板上畫一條直線，然後用鋸子沿著所畫的線鋸開木板。他並沒有看著鋸齒在木板上進出，而是完全將注意力集中在他所畫的線上，這麼一來才能筆直地鋸下木板。同樣地，將你的心專注在你感覺呼吸進出鼻孔的邊緣上。

（五）**讓你的心像個看門人**。一個看門人不會考慮其他人進出房子的細節，他注意的是人們在房門的進與出。同樣地，當你專注時，不應該考慮你所經驗到的任何細節，只要注意呼吸進出鼻孔邊緣的感覺。

當呼吸的粗重感停止時，微細的出入息就會生起。這個微細的呼吸就是你的心的專注對象。

當你繼續練習時，你的身體與心都會變得很輕盈，感覺自己就好像飄浮在空氣中或水面上一樣，你甚至會覺得身體上升到太空中。當呼吸的粗重感停止時，微細的出入息就會生起。這個微細的呼吸就是你的心的專注對象。這是禪定的徵狀。開始時顯露的徵狀會被愈來愈微細的徵狀所取代。這種微細的徵狀可以用鐘聲來做比擬，當一座鐘被一根大鐵棒撞擊時，起初會發出厚重的聲音，當鐘聲逐漸消退時，聲音也變得愈來愈細。同樣地，出入息開始時呈現粗重的徵狀，當你繼續以正念注意它時，這個徵狀變得愈來愈細。但是意識完全專注在鼻孔的邊緣，其他禪修的對象變得愈來愈清晰，徵狀持續發展。呼吸變得愈來愈細，徵狀仍然繼續發展。因爲這麼微細，你可能察覺不到呼吸的發生。不要失望地以爲你失去了呼吸，或者在你的禪修中什麼瑞相也沒發生。別擔心，專注與堅定地將呼吸的感覺拉回鼻孔的邊緣。這是你應該更積極修行的時候，讓精進、信心、正念、禪定與智慧平衡地發展。

不要失望地以為你失去了呼吸，或者在你的禪修中什麼瑞相也沒發生。別擔心，專注與堅定地將呼吸的感覺拉回鼻孔的邊緣。

讓心與當下結合

假設有一個農夫以水牛耕田，工作到日正當中時，他累了，於是他解開牛，在樹蔭下休息。當他醒來時，他找不到牲口。然而，他一點也不擔心。他走向動物在炎熱的正午會聚在一起喝水的地方，在那裡找到了他的牛。他毫無困難地把牠們帶回來，套上牛軛，繼續耕田。

同樣地，當你持續這個練習時，呼吸會變得很微細，你可能完全察覺不到呼吸的感覺。當這種情況發生時，別擔心，它不會消失，它還是在鼻尖這個老地方。快速呼吸幾次，你就會再次注意到呼吸的感覺，持續以正念注意呼吸碰觸鼻孔邊緣的感覺。

當你繼續將心集中在鼻孔的邊緣時，就能注意到禪修進一步的徵狀，你會有一種愉悅的感受。不同的禪者對此經驗也不同，它可能像星辰，或者像圓寶石、珍珠、棉花種子、木栓、線條、花環、煙霧、蜘蛛網、雲朵、蓮花、月輪或日輪。

在你先前的練習中，是以入息和出息做爲禪修的對象，現在則以徵狀做爲禪修的第三個對象。當你把心集中在這第三個對象上時，你的心已經達到一種足以進行內觀的專注程度。這個徵狀強烈地呈現在鼻孔邊緣，你要精通並充分掌握它，以便在需要時，隨時能夠派上用場。將心與當下可用的徵狀結合，並且讓心隨著每一個相續的瞬間流動。當你以正念注意它時，將看見徵狀本身每一個瞬間都在改變。讓心隨順每一個改變的瞬間，同時，注意，你的心只能在當下的時刻入定。心與當下時刻的結合，被稱爲「剎那定」⑦。剎那相續生滅不已，心的步伐也與它們保持一致，跟著它們改變，跟著它們一起生滅，而不執著於它們。如果我們試圖把心停在某個時刻，只會招來挫折，因爲心無法被握住，它應該跟上每一個新的時刻發生的事。當下可以在每一個瞬間出現，每一個覺知的瞬間都可以成爲一個禪定的瞬間。

如果我們試圖把心停在某個時刻，只會招來挫折，因為心無法被握住，它應該跟上每一個新的時刻發生的事。

將心專注在每一個改變的瞬間

爲了將心與當下結合，我們應該找到在那個時刻所發生的事。不管怎麼說，你若能將心專注在每一個改變的瞬間，就不可能沒有某種程度的隨順刹那生滅的定力。一旦你得到這種程度的定力，就能把它運用在集中注意力於每一個你所經驗到的事上，包括腹部的起伏、胸部的起伏、任何感覺的起伏，或者你的呼吸或念頭的起伏等等。

內觀禪修進步的關鍵就在於「刹那定」。關於內觀禪修，你需要的只是這個，因爲你經驗到的每一件事，都只活在一個瞬間。當你集中定心於身與心的變化上時，你會注意到：呼吸是屬於身體的部分，而呼吸的感覺、感覺的意識以及徵狀的意識則屬於心的部分。當你注意它們時，你注意到它們一直在改變，身上也可能會出現不同於呼吸感覺的各種感受。遍察你的全身，不要試圖創造任何不是自然呈現在你身上的感覺，但是要注意身體各部位生起的感覺。當思想生起時，也要注意它。在這些發生的事項中，無論是身體的或心理的，你所需注意的只是一切經驗中無常、苦與無我的本質。

遍察你的全身，不要試圖創造任何不是自然呈現在你身上的感覺，但是要注意身體各部位生起的感覺。

隨著正念的增長，你對變化的怨恨、對惱人經驗的厭惡、對喜好經驗的貪愛，以及自我的概念等，都會被無常、苦與無我的深層覺醒所取代。你經驗中的這個實相智慧，有助於你培養一個更安定、平靜與成熟的生活態度。你將看見過去你認爲永恆的事物，正在以不可思議的速度快速變化，快得連你的心也無法跟上這些改變。不過，你還是能注意到許多變化，你將了解無常與無我的微妙之處。這種洞見將爲你指出寂滅與快樂之道，也將帶給你處理日常生活問題的智慧。

當心一直與呼吸流動結合時，我們就自然能把心集中在當下的時刻。

當心一直與呼吸流動結合時，我們就自然能把心集中在當下的時刻。我們可以注意到呼吸碰觸鼻孔邊緣所生起的感覺。呼吸時，空氣中的地大元素⑧碰觸到鼻孔的地大元素，心才感覺到空氣進出的氣流。鼻孔或身體其他部位，從呼吸過程所產生的火大元素的接觸中，生起了溫暖的感覺。呼吸的無常感，則於呼吸氣流的地大元素碰觸到鼻孔時生起。雖然水大元素亦呈現於呼吸中，心卻無法感覺到它。

呼→吸→呼→吸

此外，在新鮮空氣吸進與呼出肺部時，我們感覺到肺部、腹部與下腹部的擴張與收縮。腹部、下腹部與胸部的擴張與收縮，是宇宙律動的一部分。宇宙中的一切事物都有相同的擴張與收縮的律動，就和我們的呼吸與身體一樣。不過，我們關心的重點是呼吸的起伏，以及身心的各種細節。

吸氣的過程，使我們稍微體會到一點安定。但是如果在幾秒內不把氣吐出去，這一點安定就會轉變成緊張。在我們把氣呼出後，這個緊張就得到了紓解。吐完氣後，如果我們等太久沒有再吸進新鮮空氣，又會再感到緊張。這意謂著每一次我們的肺充滿時，我們就必須把空氣吐出去，而每一次肺空虛時，就必須再把空氣吸進來。當我們吸進空氣時，我們稍微體會到一點安定，吐氣時，也稍微體會到一點安定。我們渴望安定與紓解壓力，不喜歡緊張與透不過氣的感覺。我們希望安定停留久一點，壓力則快一點消失。但是往往事與願違，於是我們再度感到惱怒與不安，因爲我們渴望回到安定，並且停留久一點，希望緊張趕快消失，並且永遠不要再回來。在這裡我們看見了，在無常的情況下，即使只是渴望一點恆常，都會造成痛苦與不安。由於根本沒有一個自我實體可以控制這個情況，我們將因此而更加失望。

深入體會呼吸中的無常

不過，如果我們以既不渴望安定，也不討厭緊張的態度觀察自己的呼吸，並且深入體會呼吸中的無常、苦與無我，我們的心就會變得平靜與安定。

如果我們以既不渴望安定，也不討厭緊張的態度觀察自己的呼吸，並且深入體會呼吸中的無常、苦與無我，我們的心就會變得平靜與安定。

心不會一直都與呼吸的感覺在一起，它有時也會跑到聲音、記憶、感情、認知、意識與心行上去。當我們經驗到這些狀態時，就應該暫時忘記呼吸的感覺，立即將注意力集中到這些狀態上，而且是一次一個，不是一次面對全部。當它們消退時，再讓心回到呼吸上，那是心的基地。無論它旅行到哪裡，或者旅行了多久，呼吸，才是心可以安住的家。切記，一切心靈旅程都是在心的內部進行。

每一次心回到呼吸上，都是帶著更深入無常、苦與無我的洞見回來。我們的心變得更具洞察力，更能無私與客觀地看待這些事情。心慢慢地了解到，無論身體、感受、思惟、心行或意識，都只是更透徹洞見這個身心複合體實相的途徑。

注釋

①心行（mental formations），指內心的作用、活動、狀態與變化。

②《瑜伽師地論》與《成唯識論》中有所謂「五遍行」，即觸、作意、受、想、思等五種心所。意思就是指任何認識作用發生時，所生起的心理活動，因為它具有普遍性，所以稱為「遍行」。作者這裡所說與五遍行有一點點不同，不過兩種說法中都有觸與受。

③五蘊，又稱為五陰、五衆、五聚。蘊，音譯作塞健陀，是積聚、類別的意思。即類聚一切有為法之五種類別，就叫做五蘊，包括色蘊、受蘊、想蘊、行蘊，以及識蘊。

④苦諦，是四諦（苦、集、滅、道）等四種正確無誤的道理之一，又稱為苦聖諦。意指聖者如實審查三界（欲界、色界、無色界）煩惱的苦果，如「三苦」、「八苦」等。

⑤名色，為名與色的並稱，又叫做名色支。一般用於一切精神和物質的總稱。從語意上來說，名是指心的方面，色指物的方面。

⑥阿羅漢，又叫做阿盧漢、阿羅訶。指在三界中，斷盡眼裡所見、腦中所想的種種迷惑，因證道而得了智慧，堪受世間大供養的聖者。

⑦「剎那」的巴利語是 khaṇa，又作「叉拏」。意為須臾、念頃，也就是一個心念起動之間，即瞬間。這是表示時間的最小單位。「剎那定」的巴利語是 khaṇika-samādhi。《清淨道論》第四談到「安止定的規定」時說：「此安止定僅一剎那心而已。」

⑧地大元素，造一切色法（總稱物質的存在）的四種要素之一。佛教的元素說指出物質（色法）是由地、水、火、風四大要素所構成，四種要素包括：（1）地大，本質為堅性，有保持作用的；（2）水大，本質為濕性，有攝集作用的；（3）火大，本質為暖性，而有成熟作用的；（4）風大，本質為動性，而有生長作用的。積聚四大就可以生成物質，所以四大又稱為能造之色、能造之大種。

第六章

如何調身？

禪修已經有好幾千年的歷史，那是一段很長的實驗時間，它的程序已經非常完善。佛教的修行一直都主張心與身是緊密相連的，彼此相互影響。因此，有一些關於修身的建議，非常有助於你掌握這個技巧。這些原則應該被遵循，不過切記，無論如何，這些姿勢都只是修行的輔助，不要將兩者混淆。禪修的意思不是以蓮花坐姿打坐，它是一種心的技巧，可以被運用在任何你想得到的地方。不過，這些姿勢將有助於你學習這個技巧，並且使你進步與發展的速度變快，因此，請善用它們。

禪修的意思不是以蓮花坐姿打坐，它是一種心的技巧，可以被運用在任何你想得到的地方。

不要僵硬，放輕鬆

調整姿勢不外乎有三個目的：第一、它們提供身體穩定感，讓你不必擔心平衡與肌肉疲勞的問題，如此一來，你才能專注於正式的禪修對象上。第二、它們幫助身體固定，之後才能對應到心的安定。這創造出一種沉潛與平靜的定力。第三、它們帶給你久坐的能力，不會屈服於禪修者的三個主要敵人——疼痛、肌肉緊張與昏睡。

最重要的原則是，坐的時候背要打直。脊椎要像一疊銅板一樣，一個頂一個，讓脊柱豎立起來，頭則要與脊柱保持一直線。這些都必須在放鬆的情況下進行，不要僵硬，你不是木頭士兵，那裡也沒有操練的士官。背部要保持挺直，但不應該造成肌肉緊張，而是應該輕鬆地坐著。脊椎應該像一棵剛冒出土的堅挺小樹一樣，身體的其餘部位則鬆軟地垂掛在它上面。這需要你針對自己做一點實驗。我們通常都是僵硬地坐著，走路或說話時緊張兮兮的，而全身放鬆時又像一團爛泥。這些都有礙禪修，不過它們都是慢慢養成的習慣，你可以反過來重新學習。

你的目標，是達到一種可以讓你靜止不動、「坐」完全程的姿勢。開始時，你可能會覺得筆直坐著有點奇怪，但是你會慢慢習慣它。這需要練習，一個筆直的姿勢非常重要，在生理學上來說，這被認爲是覺醒的姿勢，它能帶來心靈的警覺。如果你委靡不振，那麼你是在邀請瞌睡蟲前來。你所坐的東西也很重要，視你所選擇的姿勢，你需要一張椅子或一個坐墊，座位的軟硬度也應該謹慎選擇。太軟，容易使你昏昏欲睡；太硬，則容易引起疼痛。

你的目標，是達到一種可以讓你靜止不動、「坐」完全程的姿勢。

穿著寬鬆的衣服

禪修時所穿的衣服應該是寬鬆而柔軟的。如果它們限制了血液流動，或施加壓力於神經上，將會造成疼痛與痲痹，後者常被戲稱爲「腿睡著了」。如果你有繫皮帶，把它鬆開一點。不要穿太緊或不透氣的褲子，長裙對女性來說是個很好的選擇；而透氣又有彈性的寬鬆褲子，對任何人來說都是最好的。柔軟飄逸的長袍也是不錯的選擇，它們是亞洲的傳統服裝，有各種不同的風格，例如紗龍（sarong）與和服（kimono）等。脫掉你的鞋子，如果你的襪子很緊，會造成束縛，就把它們也一起脫掉。

選擇讓自己最舒適的姿勢

當你以亞洲傳統的方式坐在地板上時，你需要一個坐墊以挺起你的腰桿。選擇稍微硬一點的，當你壓下去時，至少還要有八公分厚。坐在坐墊的前緣，讓你的腳交叉放在前面的地板上。如果地板上有鋪地毯，那或許足以保護你的小腿與腳踝不會承受太多壓力；如果沒有地毯，你可能需要爲腳準備一些墊材，折疊起來的毛毯會是不錯的選擇。不要坐得太靠後面，否則坐墊的前緣就會壓迫到大腿底部，造成神經緊繃，過一會兒，就會覺得腿痛起來了。

如果沒有地毯，你可能需要為腳準備一些墊材，折疊起來的毛毯會是不錯的選擇。

盤腿的方式有很多種，底下將按照難易程度，依序列出四種：

（一）**美國土著式**：右腳蜷收在左膝下，左腳蜷收在右膝下。

（二）**緬甸式**：兩腿從膝到腳平放在地板上，在前面相互平行。

（三）**半蓮花（單盤）**：你的兩個膝蓋都碰到地板，

其中一隻腳壓在另一隻腳的小腿底下。

（四）全蓮花（雙盤）：你的兩個膝蓋都碰到地板，兩隻小腿相互交叉，左腳放在右大腿上，右腳則放在左大腿上。兩個腳底都朝上。

在這些姿勢中，手掌朝上，相互重疊放在膝上。手的位置就擺在肚臍下方，手腕彎曲，頂在大腿上。手臂剛好穩穩地包住上半身，頸部與肩膀的肌肉不要緊繃，放鬆手臂。你的橫隔膜也要放鬆，讓它完全張開，不要讓壓力積在胃部。眼睛可以張開或者閉起來，如果張開，把視線固定在鼻尖，或正前方不遠處。你不是在看任何東西，你只是把目光停放在沒有什麼特別值得看的地方，這樣你才能忘掉視覺。不要勉強，不要僵硬，要放鬆。讓身體保持自然與柔軟，像布偶一樣垂掛在筆直的脊柱上。

半蓮花與全蓮花是亞洲傳統的坐禪姿勢，全蓮花被認爲是最好的坐姿，顯然也是最穩固的。一旦你牢牢定在這個姿勢，將可以維持很長一段時間完全不動。由於這姿勢需要相當大的腿部柔軟度，因此不是每個人都可以做得到。此外，選擇姿勢的主要標準不是別人怎麼說它，而是你自己的舒適感。選擇一個能夠讓你坐得最久而不會疼痛也不會移動的姿勢，各種不同的姿勢都試坐看看。在練習中，肌腱會逐漸鬆開，你也可以逐漸做得到全蓮花。

此外，選擇姿勢的主要標準不是別人怎麼說它，而是你自己的舒適感。

你的身體，就是你的心境

你可能因爲疼痛或其他原因而不適合坐在地板上。沒問題，你也可以選擇使用椅子來代替盤腿。找一張椅面平坦、椅背端正並且沒有扶手的椅子。坐的時候，最好不要斜靠在椅背上，大腿不要壓著椅面，應保持懸空。兩腿並排，雙腳平放在地板上。和傳統的姿勢一樣，把雙手放在膝上，掌心朝上相互重疊。頸部與肩膀的肌肉不要緊繃，手臂也要放鬆。你的眼睛可以張開或者閉起來。

在上述所有的姿勢中，謹記你的目標。你希望達到身體完全靜止不動，但是不能睡著。想想一杯濁水的比喻，你希望讓身體完全靜下來，藉此帶來心的平靜；但是身體同時也要保持警醒，以引發心的清明，那是你所追求的目標。因此，何不親自實驗看看？你的身體正是創造理想心境的工具，請明智而審愼地使用它。

第七章

如何調心？

我們所教導的禪修名為「內觀禪修」。就像我們先前所說，禪修的可能對象幾乎是無限多種。在漫長的歷史中，人類已經使用過許許多多種，即使在毗婆舍那（vipassanā，即內觀）的傳統內，也有許多差異。有許多禪師教導他們的學生觀察腹部的起伏，也有人建議將注意力集中在身體和坐墊、手和手，或腿和腿接觸的感覺。不過，我們這裡所解釋的方法，是最傳統的、也有可能是釋迦牟尼佛當初教導他弟子的方法。《念處經》記載了佛陀對於正念的原始教導，裡面就明確指出，一個人應該先將注意力集中在呼吸上，進一步才注意其他的身心現象。

一個人應該先將注意力集中在呼吸上，進一步才注意其他的身心現象。

為什麼要集中注意力？

我們坐下來，觀察空氣在鼻孔的進出。乍看之下，這似乎是非常奇怪與無用的程序。在進一步探討之前，先來檢討一下它背後的原因。我們好奇的第一個問題可能是，為什麼要集中注意力？畢竟我們是試著開發覺性，為什麼不直接坐下來覺察心裡所呈現的是哪些事？事實上，確實有那種類型的禪修。它們有時被認為是缺乏體系的禪修，實踐起來非常困難。心是微妙的，思惟在本質上是一種複雜的程序，我們很容易被思惟的鎖鍊困住、纏繞或釘死。一個思惟帶來另一個，然後便一個接著一個，相續發生。

十五分鐘之後，我們才突然驚覺，我們這一整段時間都在作白日夢、性幻想，或者陷入對金錢及其他事物的擔憂中。

對於思惟的覺知與思考是不同的，那種差異非常微細。那主要是感覺或質地上的差異。單純以正念做爲覺知的思惟，感覺上質地比較輕，在思惟與觀察它的覺知之間，感覺上有一段距離。它像泡沫一樣輕盈地升起，當它消失時，則不必然會啓動下一個思惟的鎖鍊。平常的意識思惟在質地上則重得多，它是沉悶、費力、支配與強制的，它會把你吞沒，並掌控你的意識。它本質上是不由自主的，並且會毫不遲疑，直接啓動下一個思惟的鎖鍊。

禪修需要固定的參考點

意識的思惟會連帶引發身體的緊張，例如肌肉收縮或心跳加速等。不過在實際衍生出疼痛之前，你不會感到緊張，因爲平常意識思惟本身就是貪得無厭的，它攫取你所有的注意力，讓你完全忽視它自身的效應。察覺思惟與思考思惟之間的差異是很眞實的，不過它非常微細，難以看見。要想看見這個差異，禪定是必須具備的工具。

深沉的禪定，具有緩和思惟過程與加速覺知看見它的作用，導致檢視思惟過程的能力增加。

深沉的禪定，具有緩和思惟過程與加速覺知看見它的作用，導致檢視思惟過程的能力增加。禪定是我們看見微缺乏一個固定的參考點，你會迷失，會被內心無盡的流動與變化所迷惑。

細內在狀態的顯微鏡，我們利用注意力的焦點，達到具備安定與正知的統一心境。缺乏一個固定的參考點，你會迷失，會被內心無盡的流動與變化所迷惑。

我們使用呼吸做爲焦點，它是不可或缺的參考點，心的出走與拉回皆根據它來判斷。分心不能被看成是分心，除非有一個中心焦點偏離了。根據這個參考架構，我們可以看見持續不斷的變化與干擾，那是正常思惟的一部分。

禪定就像是馴服一頭野象

古代的巴利經文把禪修比喻爲馴服一頭野象的過程。先以一條堅固的繩子，把新捕獲的動物綁在柱子上。當你這麼做時，大象會反抗，連續數日尖叫與踩踏，想要扯斷繩子。之後，對於逃脫，牠是完全死了心，便安靜下來。此時，你可以開始餵食牠，並在安全的範圍內控制牠。最後，你可以完全拋開繩子與柱子，訓練你的大象完成各種困難的任務。現在，你擁有一頭馴服的大象，可以驅使牠做各種工作。在這個比喻中，野象就是你狂野不羈的心，繩子是正念，柱子則是你禪修的對象，也就是你的呼吸。這個過程所呈現的馴象，是訓練良好與專注的心，可以擔任艱鉅的任務，摧毀障礙實相的假象。禪修的作用就是降伏內心。

懂得呼吸，讓你更貼近生命

我們接著要問的是：爲什麼選擇呼吸做爲禪修的主要對象？爲什麼不是其他更有趣的事物？答案有很多個。一個有用的禪修對象，應該要能增強正念。它應該是輕便、簡易與容易取得的。此外，它應該不會在解脫過程中引發貪、瞋、癡。呼吸滿足了這些標準，而且還有更多好處。呼吸對每一個人來說都是最普遍的，它隨時隨地與我們同在。它一直都存在，經常可以使用，到死之前絕對不會停止，而且不用花一毛錢。

一個有用的禪修對象，應該要能增強正念。它應該是輕便、簡易與容易取得的。

呼吸是一種非概念性的過程，是不用思考就可以直接體驗到的事。此外，它和心一樣，是活潑與經常變化的。呼吸是一種規律與循環的動作——吸氣、呼氣，把空氣吸進來、再把空氣吐出去。因此，它是生命本身的縮影。

呼吸的感受是微細的，不過當你練習數息時，它卻是清晰可辨的。你需要花點工夫才能發現它，不過這是每個人都可以辦得到的。你應該在它上面下工夫，但不要太用力。因爲這些緣故，呼吸可以做爲禪修的理想對象。呼吸一般來說是不自主的過程，它以自己的步調行進，不需意志主導。不過意志的念力，還是可以令它減緩或加速，可以讓它變細長，或者短促。要在呼吸的不自主性與強制操作之間取得平衡，需要相當小心。在這裡有些關於意志與欲望本質的功課需要學習。此外，鼻孔尖端的那一點，可以被看成是內在與外在世界之間的一扇窗。它是一個樞紐，也是能量傳輸的據點。外在世界的物質由此進入內在，成爲那個被稱爲「我」的一部分，而「我」的一部分也由此流出，融入外在世界。這裡有些關於自我以及自我是如何形成的功課需要學習。

呼吸對所有生命而言，都是一個普遍的現象。對這個過程的眞實體驗，會讓你更貼近其他生命，它向你揭示出你與其他生命本質上的連繫。

呼吸對所有生命而言，都是一個普遍的現象。對這個過程的真實體驗，會讓你更貼近其他生命，它向你揭示出你與其他生命本質上的連繫。

畢竟，呼吸是一個當下的過程，這意謂著，它一直都發生在此時此地。當然，我們平常並不總是活在當下。我們大部分的時間都花在回憶過去或者前瞻未來上，充滿了各種憂慮與計畫。呼吸絲毫沒有不在當下，當我們眞的在觀察呼吸時，我們自然置身於當下。我們從心理印象的泥淖中脫身，投入當下純粹的經驗。在這個意義下，呼吸是一個活生生的實相切片。以正念清楚觀察這樣一個生命本身的縮影，將能帶來洞見，它可以被廣泛運用在我們的其他經驗上。

你會不會「呼吸」？

使用呼吸做爲禪修對象的第一步是，先找到它。你尋找的是空氣進出鼻孔具體而實在的觸感，這通常只在鼻尖內部，但那個確實的點，會因人而異，需要視鼻子的形狀而定。爲了找出你自己的點，先快速深呼吸，並注意空氣通過時，你鼻子裡面或上嘴唇最有感覺的點。現在，呼氣並注意同一點的感覺。這整段呼吸過程，你都將透過這個點來完成。一旦能清楚而明確地找到你自己的呼吸點，就要利用這一點，維持專注。如果不先找出這一點，你會發現自己老是在鼻子進進出出，在通氣管上上下下，一直在追逐呼吸，但是卻永遠也趕不上它的腳步，因爲它持續在變化、移位和流動。

為了找出你自己的點，先快速深呼吸，並注意空氣通過時，你鼻子裡面或上嘴唇最有感覺的點。

欲速則不達

如果你像木匠一樣，掌握鋸木頭的訣竅，你就不用站在那裡看著鋸刃上上下下，那樣的話你會頭昏眼花。你將注意力固定在鋸齒接觸木頭的地方，這是你唯一可以鋸出一直線的方式。身爲一位禪修者，你把注意力集中在鼻子內側那個唯一的感受點上。從這個有利的點上，清楚而鎮定地觀察呼吸的整個動作，就一點也不會想要控制呼吸。它不是瑜伽的呼吸術。你專注在呼吸自然而又自發的動作上，別想去調整它，或者用任何方式去強調它。多數初學者在這方面會碰到一些麻煩，爲了幫助他們專注在這個感覺上，他們不自覺地凸顯他們的呼吸。勉強與不自然的努力結果，實際上變成禪定的障礙而非促進禪定。不要刻意增加你呼吸的長度或聲音，後者對於團體禪修尤其重要。大聲呼吸會造成周圍的人很大的困擾，只要讓呼吸像睡著時一樣，自然地動作。放下，並允許這個過程按照自己的節奏進行。

如果你發現自己遇到麻煩，不要氣餒，只要把它視為觀察意識動機本質的機會即可。

這聽起來好像很簡單，不過它比你所想像的更難處理。如果你發現自己遇到麻煩，不要氣餒，只要把它視爲觀察意識動機本質的機會即可。觀看呼吸間的微妙互動關係，包括想要控制呼吸的衝動，以及想要停止控制呼吸的衝動。你或許會暫時感到挫折，但這卻是很有價值的學習經驗，而且這只是過渡階段。最後，呼吸還是會循著自己的步調前進，你也不會再有想操縱它的衝動。此時，你已經學會重要的一課，你學會了放鬆。

呼吸也需要練習？

呼吸，乍看之下似乎顯得平凡而無趣，不過事實上它是一個非常複雜與迷人的程序。如果你注意看，它充滿細緻的變化，有吸氣與呼氣、長息與短息、深呼吸與淺呼吸、平順的呼吸與不順暢的呼吸等。這幾種呼吸又彼此微妙地相互交錯。仔細觀察呼吸，確實地研究它，會發現許多變化與一個不斷循環的模式，就像一首交響曲一樣。不要只觀察呼吸的外貌，有比入息與出息更值得看的地方。每一個呼吸都有初、中、後的階段，每一個入息都要經過出生、成長與死亡的過程；每一個出息也一樣。呼吸的長短與快慢，會隨著情緒，思惟與聲音的刺激而改變。研究這些現象，你會發現它們非常迷人。

不過，這並不表示你應該坐著而腦海中浮現這樣的聲音：「一個短促的呼吸，一個深長的呼吸，下一個會是什麼呢？」不，這不是內觀，這是思考。你會發現這種事經常會發生，尤其是在剛開始的時候，這也是一個過渡階段。只要注意這個現象，再重新將注意力放在呼吸的感受上就好了。分心會再次出現，但是將注意力一次、一次又一次地拉回到呼吸上，持續這樣做，直到不再分心爲止。

剛開始時，可以預期會遇到很多問題。你的心經常會跑開，像一隻大黃蜂一樣四處嗡嗡亂飛。嘗試讓自己別擔心，心猿意馬的現象是眾所皆知的。這是每一個經驗豐富的禪修者都必須面對的事，他們已經用各種方式通過考驗，你也一樣可以。當這種情況發生時，只要注意到你正在思考、作白日夢或憂慮的這個事實即可。保持溫和與堅定，不要氣餒或灰心，重新回到呼吸單純的感覺上。一次、一次又一次。

保持溫和與堅定，不要氣餒或灰心，重新回到呼吸單純的感覺上。

了解自己，就能帶來解脫

在這個過程中，有一天你將突然驚異地覺悟到你是完全瘋了。你的心是一棟帶著輪子的瘋人院，尖叫著並語無倫次地從山丘上滾下來，完全失控與無助。沒問題，你不會比昨天更瘋狂。心一直都是如此，只是過去你從來沒有注意到而已。你也並不比身邊的任何一個人更瘋狂，唯一眞實的差別是，你已經認清這個情況，而他們則還沒有，因此他們仍然可以苦中作樂。那並不表示他們比較好，無知可能會是一種幸福，不過它無法帶來解脫。因此，不要讓這個覺知困擾你。事實上，它是一個里程碑，一個眞正進步的象徵。你已經正視這個問題，代表你已經上路，並且脫離它。

無知可能會是一種幸福，不過它無法帶來解脫。因此，不要讓這個覺知困擾你。

別思考，也別睡著

在呼吸的無言觀察中，有兩個情況你應該避免：思考與昏沉。思考的心大都清楚顯示在我們前面討論過的心猿意馬的現象上，昏沉的心則多半是相反的情況。昏沉一般是指任何一種昏昧不覺的形式。它最好的情況是一種心靈的眞空，其中沒有思惟、沒有對呼吸的觀察，或對任何東西都沒有知覺。它是一個缺口，一個像無夢的睡眠一樣，沒有形狀的心靈灰色地帶。昏沉的心是空白的，避開它。

內觀禪修是一種充滿活力的作用，禪定是對單一項目的一種強而有力的注意，覺察則是一種光明而清晰的警覺。禪定（samādhi）與正念（sati），是兩種我們希望開發的能力。昏沉的心兩者皆缺，最糟的情況就是，它會讓你睡著，即使是最好的情況，也只會浪費你的時間。

內觀禪修是一種充滿活力的作用，禪定是對單一項目的一種強而有力的注意，覺察則是一種光明而清晰的警覺。

禪修有特定目標，但沒有時間表

當你發現自己陷入昏沉時，只要注意到這個事實，然後就重新將注意力拉回呼吸的感覺上。觀察吸氣與吐氣時鼻孔的觸感。吸氣，吐氣，並觀察所發生的事。當你這樣做了一段時間，也許幾個星期或幾個月之後，你會開始感覺到那個接觸，成了一個具體的物件。只要繼續這個過程，吸氣，呼氣，並觀察所發生的事。當定力逐步增加時，心猿意馬的狀況就會大爲減少，呼吸也會慢下來，干擾愈來愈少，你將更能清楚地追蹤呼吸的變化。你開始體驗到一種大大的安定，嘗到完全沒有煩惱的滋味。沒有貪心、欲望、嫉妒、猜疑或憎恨；不再激動，恐懼也不見了。這些是美好、清晰與幸福的心態，它們是短暫的，會隨著禪修結束而終止。但是這些短暫的經驗還是會改變你的生活，這不是解脫，不過這些都是你進步的階梯，會引領你到達目的地。但是，別期待速成的幸福。攀爬階梯也需要付出時間、精力與耐心。

禪修體驗不是一種競賽，雖然有特定的目標，可是沒有時間表。

禪修體驗不是一種競賽，雖然有特定的目標，可是沒有時間表。你正在做的是逐步挖掘表層的假象，達到究竟實相的覺悟。這個過程本身是迷人與自足的，能讓你樂在其中，別著急。

當你好好地做完一次禪修時，會感到內心煥然一新。那是一種平靜、活潑與愉悅的能量，能夠拿來解決日常生活的問題。以這點來說，就相當值得了。禪修的目的不是爲了解決問題，解決問題的能力只是禪修的副產品，應該如此看待。如果太強調解決問題的層面，你將會發現，在禪修期間，你的注意力會不自覺地轉移到問題上去，導致你無法進入禪定。

利用禪修增強能量

練習期間不要想你的問題，輕輕推開它們。暫時撇開一切憂慮與計畫，讓你的禪修成爲一次完全的休假。相信自己，相信自己的能力，只要善用禪修期間所培養的心的能量與朝氣，以後就可以解決的這些問題。要像這樣相信你自己，最後它就眞的會發生。

不要爲自己設定遙不可及的目標，對自己溫柔一點。你正試著不間斷地，持續跟上你的呼吸。那聽起來好像很簡單，因此你很容易在開始時，就嚴格地敦促自己。不過，這是不切實際的，最好能將時間切成小段，慢慢來。開始吸進一口氣時，下定決心只要跟上那一口氣。即使只是這樣都不簡單，不過至少可以做得到。接著，開始吐氣時，也是一樣，只要下定決心跟上那一口氣，整個過程都是如此。你還是會一再失敗，但是請持之以恆。

覺察正在發生的事

每一次你失敗時，就再從頭來過。一次一呼吸就好。這是你能眞正獲勝的遊戲級數，跟緊它，在每一次呼吸的循環，下定新的決心。謹愼而且精準地觀察每一次呼吸，一秒一秒地往上堆積，每一次都是一個新的決心。如此一來，最後一定會生起持續無間的覺察。

呼吸的正念是一種當下的覺察，當你的做法正確時，你只會覺察到現在正在發生的事。你不會向後看，也不會向前看。你忘記最後一次呼吸，對於下一次也沒有期待。吸氣一開始時，你不會預期到那次吸氣的結束，也不會跳到接下來的呼氣。你只停留在正在發生的地方。吸氣正在開始，那才是你要注意的，除此之外無他。

呼吸的正念是一種當下的覺察，當你的做法正確時，你只會覺察到現在正在發生的事。

這個禪修是一個調伏①心的過程。你的目標是達到完全覺知每一件事的程度，那是指發生在你自己知覺世界裡的每一件事，它是怎樣發生？又是何時發生的？就在當下，如實地覺知；就在現在，完整無缺地覺知。這是一個不可思議的高遠目標，絕非一蹴可幾。它需要練習，因此我們從小地方開始，我們在一個小單位的時間內，只在單一的吸氣內，完全覺知。當你成功時，你就已經邁向一個全新的生命經驗。

注釋

①調伏，指調和心、口、意三業，以制伏諸惡。也可以引申為「降伏」的意思。

第八章
規畫你的禪修

到目前爲止，前面所談的每一件事都只是理論。現在讓我們開始探究實際的做法，我們到底應該怎麼進行「禪修」這回事呢？

首先，你需要建立一個正式的練習時間表。在一段特定時間內，排除其他一切事情，只做內觀禪修。當你還是嬰兒時，你並不知道怎麼走路，是有人費了許多工夫才教會你那個技巧。他們托住你的手，慢慢帶著你前進，還給你許多鼓勵，讓你先跨出一步，一直到你自己會走才放手。那些教導的階段，就構成了走路技巧的正式練習。

讓心靈沉澱一下

在禪修中，我們遵循相同的基本步驟，致力開發這個名爲「正念」的心靈技巧。這段時間我們只做那個動作，並且規畫我們的環境，以減少分心。在這個世界上，這並非簡單易學的技巧。過去我們花了一輩子，培養我們的心靈習慣，那與無間正念的理想是背道而馳的。要將我們自己從那些習慣中解脫出來，需要一些策略。如同先前所說，我們的心就像是一杯混濁的水，禪修的目標是澄清污染物，以看清楚裡面的狀況。最好的方法就是靜靜擺著，給它足夠的時間，它自己會沉澱下來，最後杯子裡呈現的就是清水了。在禪修中，我們刻意撥出時間進行這項澄清

過去我們花了一輩子，培養我們的心靈習慣，那與無間正念的理想是背道而馳的。

的工作。當我們從外面看時，它似乎完全無用。我們坐在那裡，就像是一座石雕怪物一樣。不過，裡面，則有很多的事正在發生。心的那杯水正緩慢沉澱下來，使得心變清明，那讓我們可以有足夠的能力，面對即將發生的事。

那並不表示我們必須做什麼，來迫使它沉澱。那是一個自發的過程，端坐與保持正念是這個沉澱的因。事實上，我們迫使它沉澱的任何努力，都只會產生不良後果。那是壓抑，並無法成功。嘗試強迫將事情從心裡排除，只是賦予它們能量罷了。你或許暫時會成功，不過長遠來看，你只會讓它們更強大。它們會隱藏在潛意識裡，趁你一不注意，就跳出來，讓你招架不住，求助無門。

澄清心裡那杯水的最好方法，是讓它自己沉澱下來，不要添加任何能量到那個情況裡去。只要以正念觀察混濁的水，過程中不要任意涉入。然後，當它終於沉澱下來之後，它就會保持沉澱。在禪修中，我們靠的是精進，而非蠻力。我們唯一能做的努力就是溫和而耐心地保持正念。

在禪修中，我們靠的是精進，而非蠻力。我們唯一能做的努力就是溫和而耐心地保持正念。

禪修為你的正念重新充電

禪修階段就像你一整天的橫切面。每件發生在你身上的事，都以某種心理或感情的形式，存放在心裡。在日常生活中，你忙於應付各種事情，而這些壓力都很少被徹底處理。它們變成潛藏在無意識中，在那裡翻騰、發酵與惡化。之後，當問題浮現時，你才開始質疑那一切壓力來自何處。

我們設定一個正式的禪修時間，以創造一個有利於放下的環境。藉由規律的生活，重建我們的正念。

這些東西在你的禪修中會以某種形式呈現出來。你得到一個檢視它的機會，看清楚它是什麼，並且放下它。我們設定一個正式的禪修時間，以創造一個有利於放下的環境。藉由規律的生活，重建我們的正念。我們從那些經常刺激心的事務中抽身，取消一切會挑起情緒的活動。我們來到一個安靜的地方，打坐，接著一切就會冒出來，然後消失。它最終的作用就像是爲一個電池重新充電，禪修爲你的正念重新充電。

在哪裡打坐？

找一個安靜、隱蔽與可以獨處的地方。它不必是位在森林中央的理想場所，那對我們大多數人來說，幾乎是不可能的。不過，它應該是一個讓你感到舒服，而且不會被打擾的地方；它同時應該是一個你不會覺得自己像是在被展示的地方。你希望一切注意力都能放在禪修上，而不需要浪費在擔心別人的眼光上。挑選一個愈安靜的地方愈好，它不用是一間隔音室；不過，噪音確實會使人分心，所以應該避免。音樂與談話是最糟糕的，心很容易被這些聲音吸引而迷失，你將因此而偏離禪定。

可以用一些傳統的輔助工具，來調整心情。例如暗室中的蠟燭、香，以及提醒你開始與結束的小鈴等都不錯。這些都是禪修的相關設備，可以策勵人心，不過絕對不是修行必備的條件。

你可能會發現，每次都坐在同一個地方會有幫助。爲禪修保留一個專用的場地，對多數人來說都是一項助緣。你很快便會將深沉禪定的平靜與那個地方聯想在一起，那個聯想有助於你更快進入狀況。那需要一點實驗。多試幾個地方，直到找到一個讓你感到舒適的地方爲止。你只需要找一個你不會感到不自然的地方，你可以在那個地方禪修而不會太過分心。

你可能會發現，每次都坐在同一個地方會有幫助。為禪修保留一個專用的場地，對多數人來說都是一項助緣。

參加共修也不錯

許多人發現參加團體共修能得到支持與幫助。規律練習的紀律是最重要的，多數人發現，如果他們有團體共修時間表的支持，將更容易規律地打坐。你已經許下承諾，便被期許要保持它，因此，可以明智地避免「我很忙」之類的托辭。也許你可以在自己住的地區找到一群禪修者，即使他們各自練習不同的禪法也沒有關係，只要那是一種沉默的形式即可。另一方面，你也應該嘗試在禪修中保持自給自足，不要依賴團體的存在，不要讓它成爲你打坐的唯一動機。只要做法正確，打坐本身就是一種樂趣，因此，把團體當做輔助，而非唯一的支持。

什麼時候坐？

提到打坐，最重要的原則是——中道，也就是不要做得太多，也不要做得不夠。這並不表示，你只能根據一時興起的靈感打坐。它的意思是，你設定一個練習時間表後，就溫和而堅定地持續去做。把設定時間表的舉動視爲一種自我策勵，如果你發現你的時間表已經不再是策勵，反而成爲一種負擔，那麼一定是哪裡出錯了。禪修不是一種責任或義務。

禪修是一種心理活動，你將面對感覺與情緒的素材。因此，它是一種非常敏感的活動，與每一次你所採取的態度密切相關。你最可能得到的，是你所期待的。因此當你期待打坐時，你的練習就會做得最好。如果你坐下來期待惱人的苦役，那也是很可能會發生的。因此設定一個合理的日常生活模式，讓你往後都可以適用。如果你開始對解脫感到不耐煩，那麼就有必要做一些調整與改變了。

你最可能得到的，是你所期待的。因此當你期待打坐時，你的練習就會做得最好。

早晨起床是禪修的好時機，那時你的心最清新，還不需要埋首於沉重的工作。早晨禪修是展開一天的好方式，它把你調整好，可以爲有效地處理事情做好準備。你可以更輕盈地度過這一天，不過前提是，要確定你已經完全清醒。如果你只是坐在那裡打盹，就沒有什麼用處，因此睡眠一定要充足。開始禪修前可以先洗臉或沐浴，或者先做一些運動，以促進血液循環。只要能讓你充分甦醒，不管需要做什麼都儘管去做，然後就坐下來禪修。無論如何，不要讓自己被俗事給絆住。你很容易忘記打坐，讓禪修成爲你一天當中最重要的事。

晚上睡覺前是另一個禪修的好時機，此時你的心充滿一天下來所累積的心靈垃圾，如果能在睡前放下這些負擔，那會是一件很棒的事。你的禪修會清理並恢復你的心。重建你的正念，如此你的睡眠才會是眞正的睡眠。

每天固定禪修，但別修到體力透支

當你剛開始禪修時，一天一次就夠了。如果想多修一點，那也很好，不過不要過量。我們經常在初學者的身上看到透支的現象，他們一頭鑽進修行，一天十五個小時，一連數週，接著，現實世界的問題就找上門了。他們於是認爲禪修這回事花費太多時間，需要很大的犧牲，他們並沒有那麼多時間。不要掉入這樣的陷阱中，不要在第一週就把你自己燃燒殆盡，讓匆忙的腳步慢下來，讓你自己持

不要在第一週就把你自己燃燒殆盡，讓匆忙的腳步慢下來，讓你自己持續而穩定地努力。

續而穩定地努力。讓你自己有充裕的時間將禪修納入生活中，並且讓你的修行溫和穩定地成長。

當你對禪修的興趣逐漸增加時，你將會發現自己時間表中，修行的空間加大了。

當你對禪修的興趣逐漸增加時，你將會發現自己時間表中，修行的空間加大了。那是自然的現象，多半會自己發生，無須勉強。

經驗豐富的禪修者，一天總會安排三至四個小時禪修。不過他們在日常世界依然維持平常的生活，他們會把時間騰出來，並且享受它。一切都是自然而然地發生。

坐多久？

原則就是：盡可能去坐，只要不過度即可。多數初學者是從二十或三十分鐘開始。剛開始時，坐太久並無益處。西方人並不熟悉這種姿勢，調整身體就需要花一些時間。他們對於心靈技巧也一樣不熟悉，那個調整也需要一點時間。

當你習慣這個程序後，就可以慢慢延長禪修的時間。我們建議在經歷一年左右穩定的練習之後，你應該要可以舒適地坐上一個小時才好。

這裡有一個重點，內觀禪修不是一種苦行的形式，自我折磨絕對不是它的目標。我們是在嘗試開發正念，而非製造疼痛。有些疼痛是無法避免的，尤其是在腿上。我們將徹底克服疼痛，怎麼做，請參見第十章，你將學到一些特別的技巧與態度，以應付疼痛。有一個重點是：這不是嚴厲的耐力競賽，你不需要對任何人證明任何事。因此不要逼迫你自己強忍疼痛打坐，只為了對別人說你已經坐了一個小時。那是無效的方式，不要在開始的時候坐過頭。要知道你的極限，而且不要因為無法像磐石一樣坐著不動而自責。

習慣禪修後，每次可多坐五分鐘

當禪修愈來愈成為你生活的一部分時，就可以將禪修延長超過一個小時。一般的做法是，在每一次你覺得舒適的時間範圍，再多延長個五分鐘。

打坐並沒有不容變通的時間長度。即使你已經建立起一個穩固的習慣，還是會有時間不允許，無法坐那麼久的時候。那並不表示你應該取消那一天的練習，規律的打坐很重要，即使只禪修十分鐘也很有益處。

有時候，你會一時興起決定要坐多久，禪修時千萬別這麼做。如此很容易造成不安，而不安正是內觀要對治的重點之一。因此選擇一個實際可行的時間長度，然後就堅持做下去。

有時候，你會一時興起決定要坐多久，禪修時千萬別這麼做。

專心禪修，別偷看時間！

你可以用錶來測量時間，不過不要每兩分鐘就偷看一次，這麼一來，你將完全背離禪定而陷入不安的情緒中。你會發現自己希望趕快結束打坐，起身離開。那不是禪修，那是在看時間。不要看時間，除非你覺得整段禪修已經結束。其實，你完全沒有必要看錶，至少不需要每次禪修都看。通常，只要你想坐，就應該儘量坐。沒有什麼神奇的時間長度。如果沒有事先決定時間下限，你將發現你打坐的時間會很短。每一次只要碰到不如意的事，或感到不安的時候，你就會匆匆結束。那並不好，這些考驗都是禪修者進步的良機，一定要通過才行。你應該學習平靜清楚地觀察它們，秉持正念看著它們。只要工夫下得夠，它們就無法再影響你。你如實地觀察，了解它們不過是衝動，來了又去，只是無常表演的一部分，你的生命將因此而徹底安頓下來。

你應該學習平靜清楚地觀察它們，秉持正念看著它們。

「紀律」對多數人來說都是艱難的字眼，會讓我們聯想起一個人拿著棍子站在你面前指責你的畫面。不過自律則不同，它是看穿你自己的衝動假象與揭開其中祕密的技巧。那些衝動對你其實並沒有影響力，一切都只是一場表演、一個騙局。是你的欲望在對你尖叫、咆哮，以及勸誘、哄騙與威脅，它們根本沒有拿棍子。你是習慣性地退卻，你是因爲不曾眞正檢視威脅背後的因素而退卻，一切威脅的背後都是空的。要學習這一課只有一個方法，不過這頁文字辦不到這點。但是只要向內看，觀察即將出現的事物，例如不安、焦慮、煩躁和疼痛等等，只要看著它出現，不要被捲進去即可。事情會大出你的意料之外，它將就此走開。它生起，然後它消失，就是這麼簡單。描述自律的另一個名詞，就是「忍耐」。

第九章

設定前行功課

在上座部佛教國家裡，每次禪坐都從一套制式化的唱誦開始。外國聽衆可能只會不在意地把這些祈願視爲無害的儀式。不過，這些所謂的「儀式」，卻是由一群務實而虔誠的男女所設計與改良出來的。它們有完全實用的目的，因此更值得我們深入檢視。

佛陀曾是個異議份子！

佛陀在他的時代被認爲是異議份子。他出生在一個高度儀式化的社會，在當時的封建制度下，他徹底反對偶像崇拜。在許多場合，他反對爲了自己而使用儀式，並對此相當堅持。這並不表示，儀式沒有任何用處，它只表示，自私的儀式本身，無法讓你解脫困境。眞的，這樣的做法只是另一個陷阱。如果你相信單靠念誦文字，就能解脫，那只會更增加你對文字與概念的依賴。這讓你偏離無言的實相覺知，而非靠近它。因此，施行儀式時，一定要清楚了解它們的本質與目的。它們既非祈禱、咒語，也不是神奇的魔法，而是心理的淨化機制，需要積極的內心參與才有效。沒有目的的喃喃自語是沒有用的，內觀禪修是一種細緻的心理活動。修行者的心態是成功的關鍵，在平靜與慈善的自信氣氛下，這個技巧運作得最好。這些念誦就是設計來培養那些態度的，如果正確使用的話，也可以成爲

如果你相信單靠念誦文字，就能解脫，那只會更增加你對文字與概念的依賴。

解脫道上有用的工具。

禪修，孤獨之旅

禪修是一種硬功夫，本質上就是一種孤獨的活動。一個人所對抗頑強的力量，其實正是在禪修之心的一部分。當你眞的進到它裡面去時，你將會發現自己面對一個令人震驚的覺知。有一天你將獲得洞見，了解你所面臨的全部困境；你努力想突破的，看起來就像是一片密不透光的牆。你發現自己坐在那裡，盯著這個龐然巨物，你對自己說：「那個？我難道是要通過那個？但是，那根本不可能！它本來就是那樣，那就是全世界，是每件事的意義所在，那是我過去定義我自己與了解周遭事物的方式。如果把它拿掉，整個世界都會垮掉，我也會死。我無法通過那個，我辦不到。」

那是一種非常駭人的感覺，一種非常寂寞的感覺。那種感覺就像：「單獨一個人在這裡，試圖打破一個超乎想像的龐然巨物。」爲了對抗這種感覺，知道你自己並不孤單將會很有用。其他人已經走過這條路，他們曾經遇到相同的障礙，但如今都已經走出一條光明的道路。他們計畫可以完成工作的辦法，並且聚集一群可以相互鼓勵與支持的夥伴。佛陀已經找到他自己通過這道牆的方式，在他之

其他人已經走過這條路，他們曾經遇到相同的障礙，但如今都已經走出一條光明的道路。

後還陸續有人加入。他留下清楚的法教，以引導我們走上同一條道路。此外，他還創立僧伽①，即比丘與比丘尼的團體，以保存那條道路，以及集合志同道合的人。所以，你並不孤單，你是有希望的。

禪修需要精進，你需要勇氣去面對一些相當困難的心理現象，並且需要決心去經歷各種令人不悅的心理狀態。懶惰絕對無法成功。爲了精進修行，請你對自己重複以下的話，用心去感覺自己的動機，並保持言行一致：

「我即將踏上佛陀及其偉大神聖的弟子們曾經走過的道路，懶散的人無法遵循這條路。願我的精進獲勝，願我成功。」

藉由正念來瓦解自我

內觀禪修是一種關於正念，亦即無我的覺知。它是一種藉由正念的洞見來消除自我的過程。

內觀禪修是一種關於正念，亦即無我的覺知。它是一種藉由正念的洞見來消除自我的過程。修行者從完全掌控身心的自我下手，展開這個過程。然後，當正念觀看自我的作用時，它穿透自我機制的根，使自我瓦解，這一切可以說完全相互矛盾。正念是無我的覺知，如果我們從自我的掌控下開始，我們如何在開始時就投入足夠的正念，展開這項工作？不管任何時候，當下總是有一些正念。眞正的問題是，如何集合足夠的正念，以產生作用？要這麼做，可以使用一個巧妙的策略。我們可以削弱自我最具傷害力的層面，以減少正念在克服它時所遭遇的阻力。

貪與瞋是自我過程的主要表現形式，只要有執著與排斥的心理，正念就很難施展開來。這個結果顯而易見，如果在意亂情迷時坐下來修禪，你會發現你哪裡也到不了。如果心裡一直掛念最近的賺錢計畫，那麼你大部分的禪修時間，可能都花在思考上，以致一事無成。如果爲了近日受到的侮辱而處於盛怒的狀況，那將占據你的整個心。一天就只有這麼多時間，你的禪修時刻如此寶貴，因此最好不要浪費。上座部傳統發展出一個有用的工具，可以至少讓你暫時把這些障礙從心裡移除，好讓你可以著手斬斷它們的根。

心病還需心藥醫

你可以用一個觀念來化解另一個，就好比輸入一個正面的感情來平衡負面的情緒。布施可以對治貪欲，慈悲則可以對治瞋恨。現在請清楚地了解：這並非要你藉著自我催眠來釋放自己。你無法爲覺悟設定先決條件，涅槃②是一個沒有先決條件（無爲）的狀態。一個解脫者確實是慷慨而慈悲的，但是他不是受條件制約才如此，那完全是他本質的顯現，不再受到自我的約束。所以這是非條件性

你可以用一個觀念來化解另一個，就好比輸入一個正面的感情來平衡負面的情緒。

的，它無疑更像是心藥，只要你依照指示服藥，你正在受苦的症狀就可以暫時獲得紓解，然後，你就可以更認眞對治疾病本身。

你必須從排除自怨自艾與自責開始著手，允許善的感覺與善的願望先流向你自己，那是比較簡單的。

你必須從排除自怨自艾與自責開始著手，允許善的感覺與善的願望先流向你自己，那是比較簡單的。然後，對那些跟你最親近的人做同樣的事。慢慢地，再延伸到周遭的人，直到你可以將這樣的情感導向敵人與一切眾生爲止。如果做法正確，它本身就可以成爲一種強而有力與功效卓著的修法。

在每次禪修開始時，對你自己說以下的話，眞心感覺其中的動機：

願我幸福、快樂與祥和。願傷害不會加諸於我，願困難不會加諸於我，願問題不會加諸於我。願我經常能成功，願我能保有耐心、勇氣、覺醒與決心，去面對與克服無法避免的困難、問題，以及生命中的挫折。

願我的父母幸福、快樂與祥和。願傷害不會加諸於他們，願困難不會加諸於他們，願問題不會加諸於他們。願他們經常能成功，願他們能保有耐心、勇氣、覺醒與決心，去面對和克服無法避免的困難、問題，以及生命中的挫折。

願我的老師們幸福、快樂與祥和。願傷害不會加諸於他們，願困難不會加諸於他們，願問題不會加諸於他們。願他們經常能成功，願他們能保有耐心、勇氣、覺醒與決心，去面對和克服無法避免的困難、問題，以及生命中的挫折。

願我的親屬們幸福、快樂與祥和。願傷害不會加諸於他們，願困難不會加諸於他們，願問題不會加諸於他們。願他們經常能成功，願他們能保有耐心、勇氣、覺醒與決心，去面對和克服無法避免的困難、問題，以及生命中的挫折。

願我的朋友們幸福、快樂與祥和。願傷害不會加諸於他們，願困難不會加諸於他們，願問題不會加諸於他們。願他們經常能成功，願他們能保有耐心、勇氣、覺醒與決心，去面對和克服無法避免的困難、問題，以及生命中的挫折。

願所有人幸福、快樂與祥和。願傷害不會加諸於他們，願困難不會加諸於他們，願問題不會加諸於他們。願他們經常能成功，願他們能保有耐心、勇氣、覺醒與決心，去面對和克服無法避免的困難、問題，以及生命中的挫折。

願所有人幸福、快樂與祥和。願傷害不會加諸於他們，願困難不會加諸於他們，願問題不會加諸於他們。

願我的敵人們幸福、快樂與祥和。願傷害不會加諸於他們，願困難不會加諸於他們，願問題不會加諸於他們。

願他們經常能成功，願他們能保有耐心、勇氣、覺醒與決心，去面對和克服無法避免的困難、問題，以及生命中的挫折。

願一切眾生幸福、快樂與祥和。願傷害不會加諸於他們，願困難不會加諸於他們，願問題不會加諸於他們。願他們經常能成功，願他們能保有耐心、勇氣、覺醒與決心，去面對和克服無法避免的困難、問題，以及生命中的挫折。

念完之後，就把修行期間的一切麻煩與痛苦都拋開。丟掉這一切包袱，如果它們之後又回到你的禪修來，只要如實看待它們，也就是「分心」。

我們也建議在臨睡前或剛起床時練習無量慈心，據說它有助於安眠與防止夢魘。此外，它也讓你早上起床變得更容易，而且還能讓你對每一個人，無論朋友或仇敵，以及一切生命，都更友善與開放。

願我的敵人幸福快樂

內心所生起的煩惱，最具破壞性的尤其是在心安靜時所產生的，那就是瞋恨。

內心所生起的煩惱，最具破壞性的尤其是在心安靜時所產生的，那就是瞋恨。你可能在想起一些造成你身心受創的事件時，感到憤怒。這個經驗可能會令你不安、緊張、激動與擔心。你可能無法一邊體驗這種心態，一邊繼續打坐。因此，我們強烈建議你應該從生起無量慈心開始你的禪修。

你可能會質疑我們怎麼能希望：「願我的敵人們幸福、快樂與祥和。願傷害不會加諸於他們，願困難不會加諸於他們，願問題不會加諸於他們。願他們經常能成功，願他們能保有耐心、勇氣、覺醒與決心，去面對和克服無法避免的困難、問題，以及生命中的挫折。」

願一切衆生都喜悅

你應該謹記，你修慈心是爲了淨化自己的心，就像你修禪是爲了讓自己從痛苦中得到安穩與解脫一樣。當你在自己的內心修習慈心時，你可以表現得更友善，沒有成見、偏見、分別心或瞋恨。你的高尙行爲讓你可以用一種更實際的態度幫助別人。悲憫是慈心在行動上的表現，沒有慈心，就不可能幫助別人。「高尙行爲」的意思，就是表現出一種更友善的態度。行爲包括你的思想、語言與行動。如果這三種行爲模式是相互矛盾的，那麼一定是哪裡出錯了，矛盾的行爲無法成爲高尙的行爲。此外，就實用的觀點而言，開發高尙的思想是比較好的。「願一切衆生都是喜悅的」一定比「我恨他」來得好，我們的高尙思想有一天會表現出高尙的行爲，而我們的惡意則會演變成邪

悲憫是慈心在行動上的表現，沒有慈心，就不可能幫助別人。

惡的行爲。

切記，你的思惟是爲了帶來預期的結果，所以才轉變成語言與行動。思惟演變成行動才能形成具體的結果。你應該經常帶著慈悲的正念說話與做事。當你談論慈悲時，如果所表現或所說的是與慈悲完全相反，就會被智者所譴責。當慈悲的正念增長時，你的思惟、語言與行爲就應該是溫和、喜悅、有意義與值得信賴的，而且能夠自利利人。如果你的思惟、語言與行爲對自己或他人造成傷害，那麼你就應該捫心自問：「我眞的具有慈悲的正念嗎？」

如果你的思想、語言與行為對自己或他人造成傷害，那麼你就應該捫心自問：「我真的具有慈悲的正念嗎？」

讓慈悲填滿敵人的心

事實上，如果你所有的敵人都是幸福、快樂與祥和的，他們就不會是你的敵人了。如果他們都沒有問題，沒有痛苦、苦惱、偏執、恐懼、緊張、焦慮，他們就不會是你的敵人。對付敵人最實際的方法就是幫助他們去克服他們的問題，如此你才能活得更平安、更快樂。其實，如果可以的話，你應該把慈悲填滿所有敵人的心，讓他們了解平安的眞正意義，如此你才可能活得更加平安與快樂。他們愈是神經質、病態、恐懼、緊張與焦慮，就會給這個世界帶來愈多的麻煩與痛苦。如果你能把一個墮落與邪惡的人，轉變成一個聖潔與品德高尚的人，你就創造了一個奇蹟。讓我們從內在開發足夠的智慧與慈悲，將邪惡的心轉變成聖潔的心。

讓我們從內在開發足夠的智慧與慈悲，將邪惡的心轉變成聖潔的心。

當你憎恨某人時，你心想：「讓他難看，讓他痛苦，讓他失敗，讓他貧窮，讓他沒沒無聞，讓他沒有朋友，讓他死後轉生惡道，永世不得超生。」不過，實際發生的狀況卻是，你自己的身體產生有害的化學物質，使你感到痛苦、心跳加速、緊張、臉部表情扭曲、沒有胃口、失眠與悶悶不樂。你自己已經先受其害，你希望敵人嘗到的那些痛苦，你都一一經歷了，同時你也無法看清楚事實。你的心就像沸騰的水，或者就像罹患黃疸的病人，對於任何佳肴都食而無味。同樣地，你也無法欣賞別人的表現與成就。只要這個情況存在，你就無法好好修禪。

因此，我們非常強烈地推薦，在認眞展開禪修之前，先修習慈心。非常專注與用心地反覆念誦上述句子。當你念誦這些句子時，先感覺內在眞實的慈心，再將它與別人分享。因爲，如果你自己心裡沒有慈善，那又如何與別人分享呢？

不過，切記，這些不是萬靈丹，別奢望一吃就能見效。如果你只是依樣畫葫蘆，那只是浪費時間與精力。但是如果你眞的用心念誦，並且身體力行，它們就會給你最好的回饋。試試看，親自去驗證。

注釋

①僧伽，簡稱為「僧」，是和、衆的意思。也就是和合，所以又稱為和合衆、和合僧、海衆（衆僧和合就好比海水一味，所以用海做為比喻，因而稱為海衆）。另外，梵語與漢語合稱為僧侶；也有人把它叫做僧家、僧伍。是三寶（佛教徒尊敬供養的佛寶、法寶、僧寶）之一。僧伽的意思是指信受如來的教法，奉行其道，而入聖得果的人。有時也指信受佛法、修行佛道的團體。自從如來成道後，最先到達鹿野苑這個地方，度阿若憍陳如等五位比丘，是為僧伽的開始。

②涅槃，又作泥洹、泥曰、涅槃那、涅隸槃那、抳縛南。意思是滅、寂滅、滅度、寂、無生。與擇滅、離繫、解脫等詞同義。原來是指吹滅，或表示吹滅的狀態；後來轉而指燃燒煩惱的火滅盡，完成悟智（亦即菩提）的境地。這是超越生死（迷界）的悟界，也是佛教終極的實踐目的，所以能彰顯佛教的特徵而列為法印（佛教的旗幟、標幟、特質）之一，稱為「涅槃寂靜」。

第十章

處理問題

禪修時會遇到一些問題。每個人都一樣，會出現各式各樣的問題，唯一絕對可以肯定的一件事是，你也一定有份。處理障礙時最重要的技巧，就是採取正確的態度。困難與障礙是整體修行的一部分，這些是無可避免的，也是可以被拿來利用的。它們提供我們非常寶貴的學習機會。

我們之所以陷入生命的泥淖中，乃是因爲我們不停地逃避問題並追逐欲望。禪修提供了一個實驗的環境，在那裡，我們可以檢視這個症狀，並且找出對治的策略。各種在禪修時生起的問題與麻煩，都是可供探討與運用的素材。沒有一種快樂不是夾雜某種程度的痛苦，也沒有一種痛苦是完全沒有快樂的成分。生命就是快樂與痛苦的綜合體，它們攜手並進。禪修也不例外，你會經驗到好時光與壞時光，也會感受到狂喜與恐懼。

生命就是快樂與痛苦的綜合體，它們攜手並進。禪修也不例外，你會經驗到好時光與壞時光，也會感受到狂喜與恐懼。

牆在哪裡？牆在你心裡

因此，當你撞見一些經驗，感覺上像是一道牆時，請不要訝異。別以爲你是特例，所有經驗豐富的禪修者，都有他們自己的牆。一道一道的牆一再出現，只要做好因應的準備即可。你處理困難的能力，取決於你的態度。如果可以試著將這些麻煩視爲機會，做爲修行的逆增上緣，你就會進步。禪修出現問題時的處理能力，會一直伴隨你度過下半輩子，讓你得以解決日後眞正棘手的大問題。如果你試圖迴避禪修中生起的每一件麻煩事，你其實是在強化那有時已經讓生命難以承受的習氣。

學習面對不愉快的處境是很重要的。身爲禪修者的職責是，對我們自己要有耐心，以不偏不倚的方式看待自己，包容自己所有的憂傷與缺陷。我們應該學習善待自己，逃避不愉快到最後是對自己非常不利的事。說來矛盾，善的必要條件是，當不善生起時，你得去面對它。

如果你真的很痛苦，不要迴避

解決困難的一個通俗做法是自我暗示：當一些討厭的事冒出來時，你說服自己說，它並不存在，或者你說服自己它是樂，而非苦。佛陀的做法正好相反。佛陀要求你徹底檢視它，而非隱藏或掩飾它。佛教建議你不要硬套上那並不屬於你的感覺，也不要迴避眞正屬於你的感覺。如果你覺得很痛苦，那麼你就眞的是很痛苦；那是事實，是正在發生的事，因此請正視它。正眼看它，不要退縮。當你正在難過時，檢視那個經驗，小心地觀察它，研究那個現象，並了解它的機制。脫離陷阱的辦法是研究它，學著了解它是如何造出來的。你的做法是把它分解開來，陷阱一旦被拆解之後，就無法再困住你了，結果就是解脫。

當你正在難過時，檢視那個經驗，小心地觀察它，研究那個現象，並了解它的機制。

面對生老病死，你可以有所選擇

這個觀點是最基本的，不過卻是佛教最少被了解的哲學層面之一。那些膚淺的學者很快地就將它歸類爲悲觀主義，認爲它總是繞著諸如痛苦之類的事打轉，老是勸我們要面對痛苦、死亡與疾病等令人不悅的實相。佛教思想家則不認爲他們自己是悲觀主義者，而且事實上正好相反。痛苦存在於這個世間，無可避免，學習處理痛苦並非悲觀主義，而是一種非常務實的樂觀態度。你如何面對配偶的死亡呢？如果明天就失去你的母親、姊妹或最親近的朋友，你會有什麼感覺？假設在同一天失去工作、存款與雙腿的機能，你對於輪椅上的後半生還會有指望嗎？如果你是癌症末期的病患，你會怎麼處理那種疼痛？你又會怎麼處理即將面臨的死亡呢？這些不幸，也許你大多數都可以躲過，但是你躲不過全部。我們每一個人在生命中的某些時刻，都會失去朋友和親戚。我們偶爾都會生病，最重要的是，我們每一個人有一天一定會死。你可以在這些事情上痛不欲生，或者也可以用開放的態度面對它們，完全看你怎麼選擇。

學習處理痛苦並非悲觀主義，而是一種非常務實的樂觀態度。

搞清楚，痛苦不等於受苦

痛苦是無法避免的，受苦則不然。痛苦與受苦是兩件截然不同的事。如果這些悲劇中的任何一種打擊你現在的心態，你會感受到苦。當下控制心的習氣會把你鎖在那個痛苦中，令你無法解脫。花些時間學習對治習氣是不錯的投資。多數人將精力全部花在設法減少他們的痛苦與增加他們的歡樂上。佛教並不建議你完全停止這樣的活動，金錢與安全很好，痛苦也應該盡可能避免。沒有人告訴你要放棄所有財產，或追求不必要的痛苦，不過佛教確實建議你要投資時間與精力在學習處理不快樂上，因爲有些痛苦是無法避免的。看見一輛卡車快撞上來時，你一定會趕緊跳開。花時間在禪修上也是一樣，學習面對不快樂，是使你有能力處理生命中那台看不見的卡車的唯一方法。

花時間在禪修上也是一樣，學習面對不快樂，是使你有能力處理生命中那台看不見的卡車的唯一方法。

修行中一定會出現問題，其中有些是身體的，有些是感情的，而有些則是態度上的。這些問題都可能會出現，並且各自的反應都不相同，但它們都是讓你得以解脫自我的機會。

問題一：身體的疼痛

沒有人喜歡痛苦，但是大家時常會碰到它。它是生命中最普遍的經驗之一，而且一定會在你的禪修中以某種形式出現。

處理疼痛可以分成兩個階段。首先，盡可能消除痛苦，找出原因，加以解決。接著，如果疼痛仍然不退，就把它當做禪修的對象。第一個步驟是處理身體的狀況。也許這個疼痛是頭痛、發燒、瘀青或某種疾病所造成。遇到這種情況，在你坐下來禪修之前，先接受醫師的治療：服藥、擦藥，或採取平常你會使用的做法。

你到底哪裡痛？

有些疼痛與特定的坐姿有關，如果你不曾花很多時間盤腿打坐，就需要一段調適期，承受一些疼痛幾乎是不可免的。根據痛的位置，有一些特別的補救措施。如果是腿或膝蓋的疼痛，那麼先檢查你的褲子。如果褲子很緊，或者質料太厚，有可能就是問題所在，試著改變它。此外，檢查你的坐墊，把它壓下去後應該還要有八公分左右的厚度。如果是腰部疼痛，試著鬆開你的皮帶，如果需要的話，鬆開你的褲頭。如果你感到下背部疼痛，有可能是姿勢錯了，懶散的坐姿不可能會舒服，因此請坐直，不要太僵硬，但是一定要保持脊柱正直。頸部或上背部疼痛有幾個來源，首先是手的姿勢不恰當，手應該舒服地放在膝部，不要抬高超過你的腰部。放鬆你的手臂與頸部肌肉，但頭部不要垂下去，要抬正，並與脊椎成一直線。

懶散的坐姿不可能會舒服，因此請坐直。不要太僵硬，但是一定要保持脊柱正直。

注視你的疼痛

做了上述各種調整之後，也許會發覺仍然有一些疼痛的感覺揮之不去。如果是這樣，試試步驟二，讓疼痛成為你的禪修對象。不要突然起身，也不要激動。只要以正念觀察疼痛，當疼痛高張時，你會發現它轉移了你對呼吸的注意力，不要反擊。只要讓注意力輕鬆地移到單純的感受上。完全進到疼痛裡去，不要防堵這個經驗，而是要去發覺這個感受。超越你慣於逃避的反應，進到潛藏在反應底下的單純感受裡去。

完全進到疼痛裡去，不要防堵這個經驗，而是要去發覺這個感受。

你會發現有兩件事呈現出來：第一個是單純的感受，亦即疼痛本身，其次則是你對那個感受的抗拒。抗拒的反應，部分是心理的，部分是身體的。身體的部分包括疼痛部位裡面及其周圍的肌肉緊繃。放鬆那些肌肉，一條一條來，每一條都要放鬆得很徹底。單靠這個步驟也許就能明顯地減輕疼痛，接著再來處理心理層面的抗拒。就像身體的緊張一樣，你在心理上也很緊張。你在心理上箝制疼痛的感受，試圖遮掩它，並將它排除到意識之外。這是個無言的抗拒，是「我不喜歡這個感覺」或「滾開」的態度。它很微細，但是它的確存在，只要認真看就能發現它，找到它，然後放開它。

放鬆身體，放鬆你的心

後者是比較微細的，沒有任何人類的語言足以精確地描述這項行爲。掌握它最好的方法是用類推的方式。檢視你對緊張肌肉的做法，再把同樣的行爲轉介到心理層面上，像放鬆身體一樣，放鬆你的心。佛教認爲身與心是緊密連結的，它是如此眞實，以致許多人都看不出這是兩個分開的步驟。對他們來說，放鬆身體就是放鬆心，反之亦然。這些人會感覺到整個放鬆，包括心理與身體，只是單一的過程。不管是哪一種情況，最重要的是完全放下，一直到你的知覺慢慢通過抗拒的障礙，並且進入純然覺知的底層。這個抗拒是你自己樹立起來的障礙。它是一道溝，一個自他之間的距離感。它是「我」與「疼痛」間的界線。化解那道障礙，隔閡就消失了。你慢慢進入澎湃的感受之海，與疼痛合而爲一。你成爲疼痛。你看著它起落，之後，令人驚訝的事發生了：它不再造成傷害，痛苦不見了。只有疼痛還在，不過只是一個單純的經驗。那個被傷害的「我」不見了，結果就是從疼痛中獲得解脫。

那個被傷害的「我」不見了，結果就是從疼痛中獲得解脫。

戰勝疼痛

這是一個漸進的過程。剛開始，你只能期望戰勝小的疼痛，而無法對抗大的痛苦。就像我們多數的技巧一樣，隨著練習逐漸進步。你練習得愈多，就愈能處理疼痛。請充分了解：這裡介紹的不是受虐狂，自我折磨不是此處的重點。這是一種覺醒的練習，而非自虐。如果疼痛極端難忍，繼續禪修並稍作移動，但只能緩慢而小心地動。觀察你的動作，感覺它的移動。觀察它對疼痛的影響，並看著疼痛減輕，不過儘量不要動得太多。你動得愈少，就愈能維持正念。初學禪修者有時候會說，疼痛出現時，他們很難維持正念。這個困難源自於一個誤解，這些學生認為正念是有別於疼痛的經驗，實則非也。正念永遠無法獨自存在，它一定要有對象，任何一個對象都好。疼痛是一種心理狀態，你可以對疼痛保持正念，就像是對呼吸保持正念一樣。

疼痛是一種心理狀態，你可以對疼痛保持正念，就像是對呼吸保持正念一樣。

我們在第四章所探討的準則，也一樣適用於疼痛。你應該很小心，過與不及的感受都不好。不要加油添醋，也不要遺漏任何細節。不要以概念、印象或推論去污染純粹的經驗，要在疼痛的當下保持覺知，如此才不至於錯失它的開始與結束。未經清晰正念檢驗的疼痛，會衍生諸如恐懼、焦慮或憤怒等情緒反應。如果能正確地看待它，我們就不會有這樣的反應。它將只會是感受，只是單純的能量而已。一旦你能在身體疼痛時學會這個技巧，一生當中都將受用不盡。你可以把它運用在任何一種令人不舒服的感受上，對於疼痛有效的做法，對於焦慮與習慣性沮喪也都會有效。這個技巧是生命當中最有用與實際的技巧，那就是耐心。

問題二：腿失去知覺

對於初學者來說，在禪坐中，雙腿失去知覺或麻痹是很常見的事，他們只是不習慣盤腿的姿勢而已。有些人對此感到非常焦慮，覺得應該起來走動一下才好；還有人深信他們的腿會因爲血液循環不良而壞死。感覺雙腿發麻沒什麼好擔心的，它是由神經壓迫而引起，而不是循環不良的緣故。你不會因爲坐姿而傷害到腿部組織的，所以，放輕鬆吧！當你的腿在禪坐中失去知覺時，只要小心觀察這個現象即可。檢視它感覺上像什麼，也許是某種不舒服的感覺，但是那並非疼痛，除非你太緊張了。只要保持平靜地看著它，如果在整個禪坐過程中，雙腿都是麻麻的，那也沒關係。禪修一段時間之後，麻痹感會逐漸消失。你的身體會適應每日的練習，接著，不管坐多久都不會覺得腿麻了。

檢視它感覺上像什麼，它也許是某種不舒服的感覺，但是那並非疼痛，除非你太緊張了。

問題三：奇特的感覺

人們在禪坐中會體驗到各種不同的現象。有些人會感到癢，有些人則會有刺痛、深沉放鬆、輕盈或飄浮的感覺。你可能會覺得自己變大、縮小或者上升到空中。初學者經常會因爲這樣的感覺而激動，別擔心，你不會立即升空。當你達到放鬆時，神經系統只是開始更有效率地讓感官信號通過。大量先前受阻的感官資料如今可以暢行無阻，因而引發各種獨特的感受。它沒有任何特別的意義，就只是感受而已，因此只要使用平常的技巧即可。看著它生起，再看著它消失，不要被牽扯進去。

問題四：昏沉

禪坐中感到昏沉是很正常的。你變得非常平靜與放鬆，原本就應該是如此。很可惜地，我們通常只有在睡著時，才會體驗到這種美好的狀態，所以我們將它與那個過程聯想在一起。如此自然地，你逐漸睡著了。當你發現這種情況出現時，把你的正念從呼吸轉移到昏沉狀態上。昏沉有某些特徵，會影響你的思考過程。找出那是什麼，它有某些對應身體的感覺，找出它們。

禪坐中感到昏沉是很正常的。你變得非常平靜與放鬆，原本就應該是如此。

這個好奇的覺知正是昏沉的對手，會令後者消失無蹤。若非如此，你就應該懷疑身體嗜睡的原因，把它找出來並加以解決。如果你剛吃完一頓大餐，那可能就是這個原因。禪修之前最好不要吃太飽，或者在飽餐一頓之後等上一個小時，再進行禪修。此外，也不要忽略最明顯的因素：如果你搬了一整天的磚塊，那當然會累；如果你前一晚只睡了幾個小時也一樣。注意你身體的需要，然後才修禪。不要對睡眠讓步，保持覺醒與正念，因為睡眠與禪定剛好是對立的經驗。你無法從睡眠中獲得嶄新的洞見，你只能從禪修中獲得。如果你很想睡，那麼就深深地吸一口氣，憋得愈久愈好，然後再慢慢吐出來。接著再深吸一口氣，然後儘量憋住，再慢慢吐出來。反覆這麼做，直到你的身體溫暖起來，睡意全消為止；接著，再回到呼吸上。

禪修之前最好不要吃太飽，或者在飽餐一頓之後等上一個小時，再進行禪修。

問題五：無法專注

一種過度活潑與跳躍的注意力是大家經常會有的經驗，這在「處理分心」那兩章我們會有專門的討論。不過，你也應該注意到，某些會引發這種現象的外在因素，它們最好都能在你的時程表中做一些簡單的調整。心靈印象是深具影響力的東西，它們會在內心逗留很久。所有說故事的技巧都是對這些題材的直接操作。一部好的作品，它的文字與畫面會對內心產生深遠的影響。如果你剛看完年度最佳電影，接著在禪修時就會充滿那些畫面；如果你正在閱讀驚悚小說，你的禪修就會充滿怪物。因此，改變這些事件的順序，改成先進行禪修，接著才去閱讀或者看電影。

另一個具有影響力的因素是你自己的情感狀態。如果你的生活中有一些衝突事件，擾攘不安的情緒就會被帶進禪修中。儘量在禪修之前解決手邊的紛爭，你的生活就會進行得更平順，在修行時不會胡思亂想。但是不要把這項建議當成逃避禪修的藉口。有時候無法在打坐之前解決每一個問題，不要理它，逕自去坐。是你自己窄淺的目光困住了你，正好利用禪修放下一切以自我為中心的態度，你的問題在稍後會更容易獲得解決。有時候心似乎永遠靜不下來，卻找不到任何明顯的原因。請回想我們先前提過的循環，禪修就是其中一環。你會有好時光，也會有壞日子。

儘量在禪修之前解決手邊的紛爭，你的生活就會進行得更平順，在修行時不會胡思亂想。

內觀禪修主要是喚醒覺知的修行。把心空掉並不比正念正知更重要，如果你的心很亂，無法安定下來，那麼只要觀察它即可。那全都是你，你將因此而在自我開發的旅程更往前邁進一步。最重要的是，不要因為心的喋喋不休而感到挫折，那個嘮叨不過是正念另一個關注的對象。

問題六：無聊

很難想像還有比坐著不動一個小時，而只是感覺空氣在鼻孔進出更無聊的事。在禪修中，你將不斷重複這個過程。每個人都一樣，無聊是一種心理狀態，應該如此看待。幾個簡單的策略就能幫助你妥善處理。

策略一：重新建立真實的正念

如果呼吸變成一種反覆觀察的蠢事，那麼可以確定的一件事情是：你已經不再以眞實的正念觀察這個過程。正念永遠不會無聊，如果你覺得無聊，就再看一次。不要認爲你知道呼吸是什麼，不要將一切看到的事視爲理所當然。如果你這麼做，就是在將這個過程概念化，你並沒有看到它活潑的實相。當你對呼吸或任何其他的事保持清楚的正念時，就永遠不會無聊。正念以童眞之眼和好奇心觀察每一件事。正念看每一刻就像是這世上的第一次與唯一的一次。因此，再看一次。

當你對呼吸或任何其他的事保持清楚的正念時，它永遠不會無聊。正念以童真之眼和好奇心觀察每一件事。

策略二：觀察你的心態

注意看你無聊的狀態。什麼是無聊？無聊在哪裡？它感覺像什麼？它的成分是什麼？它有任何生理上的感受嗎？它對你的思惟過程有什麼作用？重新檢視無聊，就像你以前從來不曾經歷過那種狀態一樣。

問題七：恐懼

禪修時，恐懼的狀態有時候會莫名其妙地浮現。這是常見的現象，它可能有許多原因，你可能是很久以前某件事受到壓抑的影響。請記得，思惟念頭是從潛意識中冒上來的。思惟的情緒面會先於思惟滲入你的意識知覺。如果你熬過恐懼，記憶本身就只會在你能承受的範圍內嘮叨。其次，你可能直接面對我們都害怕的「未知的恐懼」。在禪修生涯的某一個時刻，你會受到實相的嚴重打擊。你正在拆除過去一直用來對自己解釋生命的幻象之牆，你將直接接觸究竟實相。那是駭人的，不過你終究必須面對。往前邁進並且深入其中吧！

如果你熬過恐懼，記憶本身就只會在你能承受的範圍內嘮叨。

第三個可能是：你感受到的恐懼是自己製造出來的，那可能是出自於笨拙的禪定技巧。你可能在潛意識裡設定了一個「檢查將發生事件」的程式。因此，當一個令人害怕的幻想出現時，定力就會鎖住它，而幻想就以你專注的能量爲食，並且成長。這裡眞正的問題是，正念太微弱了，如果正念夠強的話，它就會在它剛發生時注意到這個轉換，並且以平常心處理這個情況。無論恐懼的來源是什麼，正念才是對治之道。如實觀察恐懼，不要執著它，只要看著它生起與成長即可。研究它的作用，看看它如何讓你感覺，以及如何影響你的身體。當你發現自己陷入恐怖幻想的深淵時，只要以正念觀察它們即可。看畫面就是畫面，記憶就是記憶。看著情緒反應生起，並且如實覺知它們。站在過程之外，不要涉入。像一個好奇的旁觀者一樣看待整個變化。更重要的是，不要對抗情勢。不要試圖壓抑記憶、感覺或幻想，只要置身事外，讓整個混亂的狀態自行沸騰與消逝。它傷害不了你，它只是記憶，只是幻想。它什麼也不是，不過就是恐懼罷了。

不要試圖壓抑記憶、感覺或幻想，只要置身事外，讓整個混亂的狀態自行沸騰與消逝。

當你讓恐懼在意識覺知的舞台走它自己的路時，它就不會沉入潛意識中，以後也不會再回過頭來困擾你，它會永遠地消失。

問題八：不安

心神不寧經常是出現在一些老修行潛意識裡的一種掩

飾手段。我們人類擅長於壓抑事情，而非直接去面對一些自身遭遇到的不愉快經驗。我們試圖掩蓋它，這麼一來就不用去處理那件事。不幸地，我們經常都無法成功，至少是無法完全成功。雖然將想法掩藏起來，但是用來遮掩的那個心靈能量卻依然存在，並且悄悄爆發開來，結果便是造成我們稱爲「不安」或「心神不寧」的不適感。沒有什麼事是你可以罩得住的，但是你仍無法感到自在，仍無法放鬆。當這個不舒服的狀態在禪修中出現時，只要看著它就可以了。不要讓它控制住你，不要起身離開，也不要對抗它或試圖讓它消失。只要讓它待在那裡，並且仔細觀察它。然後這個被壓抑的東西最後一定會浮上來，你便會知道你到底是在擔心什麼。

沒有什麼事是你可以罩得住的，但是你仍無法感到自在，仍無法放鬆。

你試圖逃避的不愉快經驗可能是任何一件事：罪過、貪欲或其他問題。它也可能是明顯的疼痛、隱疾或病症的前兆。無論它是什麼，讓它生起，並注意觀察它。如果你只是端坐，觀察你的不安，它終究會離開。通過不安的考驗，是你禪修生涯中一個小突破。它會教導你很多事，你將會發現，不安實際上不只是一種膚淺的心態，它根本就是無常的。它來了又去，完全無法控制你。

問題九：太勉強

你會發現，高明的禪修者，通常都是非常喜悅的人。他們擁有一種人類最珍貴的寶藏，那就是幽默感。他們的幽默感不是脫口秀節目主持人那種膚淺的詼諧才能，而是眞正的幽默。他們面對自己人生的挫敗仍可以笑得出來，面對個人的不幸仍可以自我解嘲。初學禪修者經常都把自身利益看得太嚴重，學習在禪修期間保持不要拘束很重要，禪坐時應該要儘量放輕鬆。你必須學習客觀地觀察一切發生的事情，如果你緊張、對抗，把一切事情看得非常、非常嚴肅，反而會把事情搞砸。

學習在禪修期間保持不要拘束很重要，禪坐時應該要儘量放輕鬆。

初學禪修者經常都急於看到結果，他們充滿過度膨脹的期待。他們一頭栽進去，期待馬上就出現不可思議的結果。他們又推又擠，緊張兮兮又筋疲力竭，一切都顯得非常、非常嚴厲而且嚴肅。這種緊張的狀態對正念而言，是適得其反，他們的收穫當然也很小，然後就認爲這個禪修很無趣，無法達成他們的期待，於是就把它拋開。你應該了解，你只能從禪修中去學習禪修，只能透過直接而實際的經驗，才能學到禪修是什麼，以及它會把你帶到哪裡去。初學者往往並不知道自己的方向，因爲他並不清楚眞正的修行是什麼，只會天馬行空地幻想。

新手的期待當然是不切實際與無知的，他們所期望的都是錯誤的事，那些期望完全沒有好處，反而只會成爲障礙。太勉強只會帶來僵硬與痛苦，招致罪過與自責。當你太過勉強地修行時，你的努力就會變得呆板，而在正念尚未啓動前就扼殺了它。最好的建議就是放下一切，放下你的期望與緊張，只要以穩定而平衡的努力進行禪修即可。享受禪修，不要讓它變成一項苦差事或負擔。保持正念就好，禪修本身會處理未來的事。

不要讓它變成一項苦差事或負擔。保持正念就好，禪修本身會處理未來的事。

問題十：沮喪

太勉強的結果就是挫折，你處在緊張的狀態，什麼事也辦不成。你了解自己沒有達到預期的進步，因此感到沮喪，覺得自己像個失敗者。這一切都是非常自然的循環，不過卻是完全可以避免的。在不切實際的預期下勉強用功是主要原因。不過，這個症狀隨處可見，即使擁有一切最好的建議，你發現它還是會降臨在你身上。有一個解決的辦法，如果發現自己正感到沮喪，只要清楚地觀察自己的心理狀態即可。不要加油添醋，只要看著它。失敗的感覺也只是另一個無常的情緒反應而已。如果你涉入，它便會以你的能量爲食並且成長。如果你只是站在一旁看它，它就會消逝。

如果你是在禪修中覺知到失敗而沮喪，那更容易處理。你感到自己無法保持正念，此時，只要對那個失敗的感覺保持正念即可。你可以透過這個簡單的步驟重新建立你的正念。造成失敗的感覺，除了記憶之外無他。禪修中沒有失敗這一回事，只有退步與困難，除非你徹底放棄，否則根本不會有所謂的失敗。即使你花了整整二十年都沒有任何收穫，你還是可以在自己選擇的任何時刻保持正念。那是你的決定，後悔只會爲失去正念打開另一扇門。在你了解自己失去正念的那一瞬間，那個了解本身就是一個正念的行爲。因此，請繼續這個過程，不要因爲情緒反應而偏離正軌。

禪修中沒有失敗這一回事，只有退步與困難，除非你徹底放棄，否則根本不會有所謂的失敗。

問題十一：抗拒禪修

有時候你會覺得不想禪修，一想到就煩。只是錯過一次禪修原本沒什麼要緊，但是它很容易變成一種習慣。最好能儘量排除抗拒，繼續打坐。觀察這個厭惡的感覺，大多數的情況它是一種短暫的情緒，只會在你的眼前晃一陣子，在你坐下去五分鐘之後，它就會消失。另一個情況是因爲那天的情緒低潮而引起，這會持續久一點。不過，最後還是會消失。在二十或三十分鐘的禪修中將它解決，要比帶著它而把你一整天都毀了要好。此外，抗拒也可能是因爲修行本身遭遇到的一些困難而引起的，那個困難是什麼，你可能知道也可能不知道。如果知道問題所在，就用本書介紹的技巧去處理，一旦問題解決，抗拒也會跟著消失。如果不知道問題所在，你就得堅強地熬過去，只要一直坐到抗拒結束，並且注意觀察它，它會消失的。然後，問題的原因有可能會在覺知醒轉時冒上來，那時你就可以著手處理。

你的態度有問題

如果你經常在抗拒禪修，那麼就應該懷疑你的基本態度可能出了什麼問題，它可能很微細。禪修並不是一種枯坐的儀式，也不是一種痛苦或無聊的差事。此外，它也不是一種嚴格與嚴肅的義務。禪修是正念，是一種看事情的新方式，是一種遊戲的形式。禪修是你的朋友，如此看待它的話，抗拒就會像被夏季微風吹拂過的輕煙一樣，消失無蹤。

禪修是你的朋友，如此看待它的話，抗拒就會像被夏季微風吹拂過的輕煙一樣，消失無蹤。

如果你試過一切可能的方法，抗拒卻依然存在，那問題可能就比較嚴重了。禪修者有時候會碰到超出本書範圍的某些超自然的障礙，初學禪修者很少碰到這種情況，不過它卻可能發生。不要放棄，去尋求協助。尋找合格的內觀禪修老師，並且請求他們幫助你解決這個問題。他們的存在正是爲了這個目的。

問題十二：恍惚或呆滯

我們已經討論過昏沉的心理現象，在那個過程中有一種特別的途徑你應該特別注意，呆滯的心理有可能是深刻禪定有害的副產品。當你的放鬆加深時，不只肌肉放鬆了，神經傳導也改變了。這在身體造成一種非常平靜與輕盈的感覺。你感到很平靜，像是脫離身體一樣。這是一種非常舒適的狀態，一開始你的禪定還乖乖地集中在呼吸上。不過，當它繼續時，舒適的感覺會喧賓奪主，轉移了你對呼吸的注意力。你開始眞正享受這個狀態，而你的正念也開始走下坡。你的注意力零星四散，無精打采地飄過朦朧的幸福之雲。結果是一種非常沒有正念的狀態，一種恍惚的狂喜。它的對策，當然，就是正念。以正念觀察這些現象，它們就會消失。當幸福的感受生起時，接納它們，不需要迴避，不過千萬不要醉心於它們。它們只是生理的感受，這樣看待它們就可以了。觀察感受就是感受，呆滯就是呆滯。看著它們生起，並且看著它們消失，不要

觀察感受就是感受，呆滯就是呆滯。看著它們生起，並且看著它們消失，不要涉入其中。

涉入其中。

禪修時一定會有問題產生，每個人都一樣。你可以把它們看成可怕的折磨，或者有待克服的挑戰。如果你把它們視爲負擔，那只會增加你的痛苦；但是，如果你把它們視爲一個學習與成長的機會，那麼，你的心靈前景將會是無限開闊。

第十一章
處理分心（上）

每一位禪修者在修行時都會碰上分心，需要有方法來加以處理。許多有效的辦法被設計出來，好讓你重新回到正軌上，那比單靠意志力硬撐要來得快。禪定與正念密切相關，彼此互補。如果其中一個虛弱，另一個最後一定會受影響。不平靜的日子通常都是因為缺乏定力，你的心只是一直在隨事浮沉。你需要一個重新建立禪定的方法，讓你即使面對困境亦可適用。幸運地，你擁有它。事實上，你可以從一系列傳統策略中選擇一個適合你的。

策略一：估算時間

分心把你從呼吸這件事情上拉開，你突然驚覺自己正在作白日夢。這個技巧是把你從陷阱中拉出來，徹底破壞箝制你的力量，如此你才能再帶著完整的注意力回到呼吸上。你可以藉由衡量分心的時間長度，來達到這個目的。這不是一種精確的計算，不需要一個精準的數字，只要粗略估算即可。你可以用「分鐘」為單位，或者用明顯的念頭來計算。只要對你自己說：「好，我已經分心兩分鐘左右。」或者「從狗開始吠算起」，再或者「從我開始想錢算起」。當你剛開始練習這個技巧時，看起來像是在自言自語。一旦這個習慣建立起來之後，就可以默默地快速進行。切記，這個策略是讓你脫離分心，重新回到呼吸上。

切記，這個策略是讓你脫離分心，重新回到呼吸上。

藉由讓它變成審視的目標，而幫助你脫離分心，只要約略估算分心的時間長度即可。一旦脫離分心之後，就應該拋開它，重新回到呼吸上。不要一直停留在估算時間的階段。

策略二：深呼吸

當你的心狂野而激動時，可以藉由幾次快速深呼吸來重新建立正念。用力地把空氣吸進來，再用力地把它吐出去。這會增加鼻孔內的感受，讓它更容易集中。深呼吸會讓精神抖擻，並提升你的注意力。如此可以迫使定力增強，讓整個注意力重新回到呼吸上。

當你的心狂野而激動時，可以藉由幾次快速深呼吸來重新建立正念。

策略三：數息

數息是典型的傳統做法，很多人把它當成主要的修行方法，其實也可以把它當成重建正念與增強定力的輔助技巧。如同我們在第五章所說，數息有各種不同的方式。記得要專注在呼吸上。你可能會在數息之後注意到一些變化：呼吸慢下來，或者變勻細了，這是進入禪定的生理徵兆。此時，清楚地區分入息與出息，它們很容易混在一起。接下來，你可以把呼與吸合起來算成一次。繼續你的數息，但是最多只數到五，從一數到五之後，再重新數起。當你脫離分心後，就拋開數目，並且忘記入息與出息的概念，只要專注於呼吸的感受。入息融入出息，前息融入後息，綿綿密密，形成純淨平順的無盡氣流循環。

策略四：進／出

這是數息的替代方案，功能也差不多。只要把注意力放在呼吸上，然後在心裡默記：「入息……出息」，或者「進……出」。持續這麼做，直到你覺得不需要這些概念爲止，然後就把它們拋開。

策略五：以另一個念頭加以對治

有些念頭會一直纏繞著我們。我們人類是感情用事的動物，這是我們最大的問題之一。

有些念頭會一直纏繞著我們。我們人類是感情用事的動物，這是我們最大的問題之一。我們很容易陷入諸如性幻想、擔憂與野心等事項中。我們經年累月地以煩惱餵養那些念頭，只要一有時間就與它們膩在一起，讓它們日益壯大。然後當我們坐下來禪修時，我們命令它們離開，讓我們獨處。結果幾乎不令人意外，它們根本不會服從。對於這些頑固的念頭，我們需要集中火力，加以迎頭痛擊才可以。

佛教心理學有自己獨特的分類系統。它不把事情分成「好」與「壞」，而是將事情分成「善」①與「不善」。不善的念頭總是與貪、瞋、癡有關，這些是最容易讓人困惑的思惟。它們之所以不善，是因爲它們讓你無法解脫。相反地，善念則與布施、慈悲與智慧有關。它們能對治不善，幫助你邁向解脫，因此而稱其爲善。

不善的念頭總是與貪、瞋、癡有關，這些是最容易讓人困惑的思惟。

你無法給解脫設定條件，它不是由思惟或念頭組成的狀態。此外，你也無法給解脫的人格特質設定條件。慈悲的念頭可以造成類似慈悲的東西，但是那不是眞正的慈悲，它會在壓力之下瓦解。慈悲的念頭只會造成慈悲的表象。因此，這些善念本身，無法讓你解脫。它們只有在對治不善時才是善。布施的念頭可以暫時化解貪心，貪心暫時被壓制，讓正念可以無礙地工作。之後，當正念徹底突破自我的假象時，此時貪心才會消失，而眞正的布施也才會出現。

這個原則可以用在你日常的禪修中。如果一種特別的情結正困擾著你，你可以藉由生起對立的想法與之相互抵消。例如，如果你憎恨查理，他緊繃的臉一直在你心裡浮現，你可以試著對查理發出慈悲的心念，或試著思惟他的優點，你也許可以因此而擺脫當時的心理印象。接著，你就可以繼續禪修。

有時候這個策略無法奏效，那個情結太強烈了。在這種情況下，在成功地平衡它之前，你得先削弱它對你的影響力。不要讓罪惡感得逞，那是人類最可鄙的情感之一。好好瞧一瞧你試圖避免的情緒反應，確實地思惟它，看它如何讓你感覺。看看它對你的生活、你的快樂、你的健康以及你的人際關係做了什麼。試著看它如何讓你呈現在別人眼前，看它怎麼阻礙你邁向解脫。巴利經典要求你確實這麼做，它們建議你生起厭離心，就像脖子上繞著腐爛的動物屍體一樣。出離②是你追求的目標，這個步驟本身也許就可以了結問題。如果它不能，就再一次生起對立的情感來平衡殘餘的情結。

貪念涵蓋一切與欲望有關的事物，從渴求物質享受，到希望被別人尊重皆是；瞋心則從小怨到暴怒；癡念則涵蓋從白日夢到嚴重幻想的各種事情。布施對治貪，慈悲則對治瞋。只要你可以稍微靜下來想一下，無論什麼煩惱都可以找到一個特別的對治處方。

只要你可以稍微靜下來想一下，無論什麼煩惱都可以找到一個特別的對治處方。

策略六：回想你的目的

有時候事情會毫無頭緒地襲上心頭。文字、片語或整個句子在不明原因下，從潛意識突然跳出來。出現物體，或者閃爍不定的畫面，這是一個令人不安的經驗。你的心感覺像一面旗子在疾風中拍打，它來回飄盪，就像海洋裡的巨浪。通常這個時候，只要回想你在這裡的目的就可以了。你可以對自己說：「我坐在這裡不是爲了把時間浪費在這些想法上，而是爲了把心集中在呼吸上，那對一切衆生而言都是適用的。」有時候甚至在說完之前，你的心就會靜下來。其他時候，你可能得重複好幾次，才能奏效。

這些技巧可以單獨使用，或者合併使用也成。只要正確使用的話，它們便是你對抗心猿意馬的有力武器。

注釋

①善，原文為 skillful，也可以翻譯成「善巧」。

②出離，超出脫離的意思。也就是離開迷界（有情衆生輪迴轉生的世界）、脫離生死輪迴的苦，而成就佛道，以達解脫的境地，亦即出離三界的牢獄，了脫惑業束縛綑綁，所以一般有「出離三界」、「出離生死」、「出離得道」的慣用語。

第十二章

處理分心（下）

禪修時分心？別緊張！

你正安詳地坐禪，身體不動，心也完全靜止。你只是隨著呼吸平順地進、出、進、出……平靜、安定與集中，每件事都很完美。然後，突然間，某個東西莫名其妙地浮上心頭：「我好想吃冰淇淋。」很顯然地，那是一種分心，那不是你應該做的事。你注意到了，再把自己拉回呼吸上，回到平順的吸氣、吐氣、吸氣……然後：「我瓦斯帳單付過了嗎？」另一次分心。你注意到了，趕緊把自己再拉回呼吸上，回到平順地進、出、進、出、進……「那部新的科幻電影已經上演了，星期二晚上我也許可以去看。不，星期二不行，星期三有很多事，星期四可能比較好……」又一次分心。你再把自己拉回來，回到呼吸上。才一會兒，那個小聲音就在你的腦袋裡說：「我的背快痛死了。」一次又一次地分心，好像永無止盡。

多傷腦筋啊！不過事實就是如此。這些分心其實是關鍵所在，重點在於應該如何處理這些事。學習注意它們，而不會被它們絆住，這是我們在這裡的目的。可以確定的是，這種心理漫遊很煩人，不過它是心運作的正常模式。不要把它當成敵人，那只是單純的事實。如果你想要改變什麼，第一件要做的事，就是認清事實，如實觀察。

如果你想要改變什麼，第一件要做的事，就是認清事實，如實觀察。

剛開始坐下來專注呼吸時，你會被心不可思議的忙碌程度嚇到。心跳躍與躊躇，轉向與反抗；心繞著自己追逐打轉，喋喋不休；心思考、幻想，也作白日夢。不要爲此感到氣餒，那很自然。當你的心從禪修的主題上遊走開時，只要以正念觀察這個分心即可。

將注意力暫時移到分心上

內觀禪修裡的分心，是指任何會令你入神以致注意力偏離呼吸的事情。這爲你的禪修帶來一個嶄新與重要的準則：當任何心理狀態強大到會讓你偏離禪修的主題時，把注意力暫時轉移到分心上，讓分心成爲你暫時的禪修對象。請注意「暫時」這兩個字，它很重要。我們不是要你中途改弦易轍，也不是要你兩三秒就換一個新的禪修對象，呼吸一直是你主要的焦點。你把注意力轉移到分心上頭的時間長短，只要到足以認識它的特質即可，它是什麼？它有多強？以及它持續多久？

內觀禪修裡的分心，是指任何會令你入神以致注意力偏離呼吸的事情。

當你在心裡默默回答這些問題時，你其實是在檢查那個分心，然後你再把注意力拉回到呼吸上。這裡再一次地，請注意「默默」這兩個字。這些問題不是爲了引來更多的心理對話，那會把你引到錯誤的方向，引來更多的思考。我們希望你從思考回到一個直接、無言與非概念性的呼吸經驗上。設計這些問題是要讓你免於分心，並給你洞見以進入分心的內在本質，不是要讓你陷得更深。它們會帶你找出分心的癥結，並幫助你脫離它，而且這一切全都在一個步驟內完成。

對治分心的三個仙丹妙藥

問題來了：當一個分心，或者任何心理狀態在心中生起時，它是從潛意識冒上來的，隨後才升到意識心。那個時間差很重要，因爲它讓執著有足夠的時間發生。執著幾乎是在瞬間發生，並且是從潛意識開始。因此，當執著浮升到意識認知的層次時，我們已經陷在裡面了。繼續那個過程對我們來說是很自然的，當我們持續看它時，對那個分心的執著也變得更深。到了這個時候，我們已經是在思考，而非單純以注意力在看它。這整件事都在一瞬間發生。這告訴我們一個重點：在我們的意識覺知到一個分心時，就某種意義而言，我們已經被它迷住了。

我們的三個問題：「它是什麼？它有多強？以及它持續多久？」是對治這個特殊病症的良方。爲了回答這些問題，我們必須查明這個分心的特質。爲了那麼做，我們必須先把自己抽離它，在心理上與它保持一段距離，並且客觀地看它。爲了把它當成觀察的對象，我們應該停止去想這個想法，或者感受這個感覺，這個過程本身就是正念，

我們應該停止去想這個想法，或者感受這個感覺，這個過程本身就是正念，或清晰無染的覺知。

或清晰無染①的覺知。分心的執著像這樣被打破以後，正念再重新拿回控制權。此時，正念平順地移轉到它主要的焦點，也就是回到呼吸上。

分心？誰不會？

剛開始練習這個技巧時，你可能必須借助文字。先以文字發問，再以文字回答。不過，不久之後，你就可以完全不用文字了。一旦心理習慣養成，就只注意那個分心，注意分心的特質，然後再回到呼吸上。那完全是非概念性的過程，並且速度會很快。分心本身可以是任何事：聲音、感受、感情、幻想，或任何事。無論它是什麼，不要試圖壓抑它，不要強迫將它趕出心外。不需要那麼做，只要以單純的注意力小心觀察它，你將發現你的注意力又毫不費勁地回到呼吸上。不要爲了分心而自責，分心是自然而然的，它們總是來來去去。

不要為了分心而自責，分心是自然而然的，它們總是來來去去。

雖然聖者這麼說，你還是會自責。那也很自然。不過，只要將自責的過程看成是另一個分心，然後再回到呼吸上。

這個事件的順序爲：呼吸→呼吸→分心的想法生起→爲了分心的想法而感到挫折→爲了分心而自責→注意到這個自責→回到呼吸上→呼吸→呼吸。如果你做得正確，那眞的是一個非常自然與平順的循環。其中的訣竅，當然，就是耐心。如果你能夠學習觀察這些分心而不涉入，一切就很簡單。你只是悄悄地通過分心，然後你的注意力再輕易地回到呼吸上。當然，同樣的分心可能在片刻之後再度冒上來。如果眞是這樣，只要以正念觀察它。如果你是在處理一個老舊而僵化的思惟模式，這個情況可能會持續好一陣子，有時需要好幾年。不要氣餒，這也很自然。只要觀察分心，再重新回到呼吸上。不要對抗這些分心的想法，不要緊張或掙扎，那只會浪費你的能量。你花在抗拒的每一分能量，都會進到思惟情結中，並且讓它變得更頑強。因此不要試圖把這些想法趕走，你永遠不可能獲勝。只要小心觀察分心，它最後自己會離開。很奇怪，你愈以正念觀察這些干擾，它們就變得愈弱。只要觀察的時間與頻率足夠，它們就會消失。對抗它們，它們反而會獲得力量。以離染的心看它們，它們則會凋謝。

不要對抗這些分心的想法，不要緊張或掙扎，那只會浪費你的能量。

讓正念助你一臂之力

正念具有化解分心的功能，就像武器專家可以拆除炸彈的雷管一樣。輕微的分心只需一瞥就可以化解，以覺知照射它們，它們瞬間就會消失無蹤。根深柢固的思惟型態則需要把握破解的機會，持續以正念反覆觀照。分心眞的是紙老虎而已，它們本身沒有什麼力量，而且需要經常被餵食，否則就會死掉。如果你拒絕以自己的貪、瞋、癡餵養它們，它們就會萎頓。

正念是禪修最重要的層面，是最需要被開發的事。因此完全無須與分心對抗，關鍵在於對發生的事保持正念，不要去控制它。記住，禪定是一項工具，它的重要性次於單純的注意力。從正念的角度來看，根本沒有分心這一回事。心裡生起的一切事物都只是另一次開發正念的機會。切記！呼吸，才是不可動搖的焦點，是專注的主要對象；分心則是注意的次要對象，它們當然和呼吸一樣，是實相的一部分。正念的對象是什麼其實並沒有太大的差別，你可以注意呼吸，也可以注意分心。你可以注意你的心靜止，以及定力強的事實；或者，你也可以注意定力分散，以及內心亂糟糟的事實。那都是正念，只要保持那個正念，禪定就會隨之而來。

禪修是為了什麼？

禪修的目的不是爲了永不間斷地專注在呼吸上，這件事本身是無用的目標。禪修的目的不是爲了達到一種完全不動與平靜的心。雖然那是美好的境界，不過它本身無法帶來解脫。禪修的目的是達到不間斷的正念。正念，唯有

禪修的目的是達到不間斷的正念。正念，唯有正念，才能產生覺知。

正念，才能產生覺知。

分心以各種大小、形狀和氣味的形式出現。佛教哲學為此做了一些分類，其中一種是名為「蓋」(āvaraṇāni) ② 的分類。它們被稱為蓋，是因為它們會障礙禪修，包括正念與禪定的發展。注意一下，「蓋」這個字似乎有負面的意涵，這些心理狀態也確實是我們希望斷除的。不過，那並不表示，它們應該被壓抑、避開或遭受譴責。

讓我們舉「貪」為例。我們希望避免延長心中生起的任何貪的狀態，因為那個狀態的延續會帶來束縛與憂愁。這並不表示我們應該試圖在它出現時，把它驅逐出去，我們只是拒絕支持它停留。我們讓它來，然後再讓它走。當你初次以正念觀察貪時，並沒有賦予它任何價值判斷。我們只是站在一旁看它生起。從開始到結束，整個貪的動向應該只用這樣的方式加以觀察即可。我們絲毫不幫助它、不阻礙它，也不涉入它。無論它停留多久都隨它去，我們利用它停留的時候充分學習。看看貪在做什麼，看它如何困擾我們與他人。注意它是怎樣讓我們一直無法滿足，且永遠處於渴求的狀態。從這第一手的經驗，我們打從心底確定貪是不善的生活方式，這種覺知絕非理論性的。

當你初次以正念觀察貪時，並沒有賦予它任何價值判斷。我們只是站在一旁看它生起。

所有蓋的處理方式都一樣，以下我們就來一一檢視。

貪

假設禪修過程中，你受美好的經驗吸引而分心，那可能是一種快樂的幻想或得意的想法，可能是自尊的感覺，或者愛的思惟，或是由禪定引發的身體輕安的感受。無論那是什麼，接下來就是貪的心態，也就是渴望獲得你曾經有過的想法，或者希望延長你所擁有的經驗。無論它的性質爲何，你都應該用下列的態度來處理貪。注意生起的想法或感受。注意伴隨而來的貪念，將它們區分開來。注意那個貪確實的程度與範圍。接著注意它持續多久，以及最後何時消失。當你完成之後，再重新回到呼吸的正念上。

瞋

假設你受到負面經驗的影響而分心，那可能是令你恐懼或困擾的事物，可能是罪過、沮喪或疼痛，無論這個想法或感受的實質爲何，你發現自己在排斥或壓抑，亦即想要避開、抗拒或否定它。這裡處理的方法基本上也一樣：看著想法或感受生起，並注意隨之而來的排拒心態。衡量那個排斥的範圍與程度，看它持續多久，以及何時消失。接著，再重新回到呼吸的正念上。

看著想法或感受生起，並注意隨之而來的排拒心態。

昏沉

昏沉可分爲各種不同的程度與強度，從輕微的困倦到完全呆滯的狀態都是。我們這裡說的是心理狀態，而非生理上的。睡眠或身體疲勞是完全不同的兩件事，在佛教的分類系統中，這是屬於身體的感受。心理的昏沉近似於厭惡，是心逃避苦所耍的聰明小手段。昏沉就像是關掉心這部機器的開關，是感覺與認知敏銳度的鈍化。它是裝睡，也是強迫自己變笨。

昏沉就像是關掉心這部機器的開關，是感覺與認知敏銳度的鈍化。

這處理起來可能有些棘手，因爲它與正念的運作剛好相反。不過正念仍然是對治此蓋的良方，處理的手法也一樣。當困倦生起時，注意它的狀態。注意它的範圍與程度。注意它生起時，持續多久，以及何時結束。這裡唯一比較特別的是，動作要快，要早一點捕捉到現象。你必須在它剛開始時就捕捉到它，並且立即覺知。如果失去第一時機，它的發展可能會壓過正念的力量。當昏沉戰勝時，結果就是心往下沉，甚至睡著。

掉舉③

不安與擔憂的狀態都是內心掉舉的表現。你的心一直四處奔波，拒絕待在任何一件事上。你可能在同一個議題上反覆不已。在這裡，不穩定的感覺才是掉舉的主要成分。心拒絕待在任何一處，它經常四處跳躍。這種情況的對策還是同樣的基本程序。不安透露一種特定的感覺給意識，你也許稱它爲一種味道或特質。無論你把它叫做什麼，那個不穩定的感覺呈現出一種可被定義的特徵。找到它，一旦你發現它，注意它呈現的範圍與程度。注意它何時生起，看它持續多久，以及何時消逝，然後再把你的注意力重新拉回呼吸上。

疑

疑在意識上有它獨特的感覺。巴利經典對它描述得很好，那種感覺就像是一個人蹣跚地走在沙漠上，來到一個四顧茫茫的十字路口，他應該走哪一條路？由於無法辨別，因此他只能站在那裡躊躇。禪修中最常出現的形式是類似這樣的內心對話：「我爲什麼要像這樣坐著？我眞的有從這裡得到什麼嗎？噢！當然有。這對我是有好處的，書上這麼說。不，那太瘋狂了，這是在浪費時間。不，我不會放棄，我說要做就一定要去做。或者我只是頑固而已？不知道，我眞的不知道。」不要掉入這樣的陷阱中，它只是另一個障礙，只是另一個障蔽你覺知實相的小煙幕彈。要想解決疑惑，只要覺知這個內心搖擺的狀態爲審視的對象即可。不要被它困住，退出一旁看它。看它有多

要想解決疑惑，只要覺知這個內心搖擺的狀態為審視的對象即可。

強，看它何時來，以及能持續多久，然後看著它消逝，再回到呼吸上。

美好與光明，如夢幻泡影

這是處理分心的一般模式。所謂的「分心」，我們這裡是指會障礙禪修的任何心理狀態。其中有些很微細，列出一些可能的狀態或許會有用，這些負面的狀態比較容易被認出來，包括：不安全感、恐懼、憤怒、沮喪、激動與挫折等。渴愛與貪欲比較難被發現，因爲它們可以被用在我們一般認爲善良與高貴的事物上。你可能希望自己變得更完美，或者你可能渴求更高尚的美德，你甚至可能貪愛禪修本身喜悅的經驗。要讓你自己脫離這些高尚的感覺比較困難，不過，最後，它也只是助長貪欲而已。它是滿足欲望，以及忽視當下實相的聰明方式。

要讓你自己脫離這些高尚的感覺比較困難，不過，最後，它也只是助長貪欲而已。

不過，最弔詭的是，那些滲入禪修光明面的心理狀態：快樂、平靜、知足、同情，以及對一切衆生的慈悲。這些心理狀態是如此美好與親切，令你很捨不得放下它們。這讓你覺得像是人性的背叛者，其實不需要這樣感覺。我們並非建議你排斥這些心理狀態，或者變成冷血的機器人，我們只是希望你如實觀察它們。它們是心理狀態，它們來，然後它們走；它們生起，然後它們消逝。當你繼續禪修時，這些狀態會更常生起。重點是不要執著它們。只要站在一旁看它出現，看它是什麼，有多強，持續多久，然後看著它消退。它只是你的內心世界所上演的另一齣無常表演而已。

重點是不要執著它們。只要站在一旁看它出現，看它是什麼，有多強，持續多久，然後看著它消退。

就像呼吸有分階段，心理狀態也是一樣。每一個呼吸都有開始、中間與結束，每一個心理狀態也有出生、成長與衰退，你應該努力看清楚這些階段。不過，這並非易事。就像我們先前提過的，每一個思惟與感受都是從潛意識的範疇生起，稍後才浮升到意識層面。我們通常都是在它們浮升到意識領域並停留一段時間之後才覺知到。我們確實經常只有在它們已經穩定之後才覺知到分心。此時，我們才突然警覺自己在作白日夢、幻想或想著其他的事。顯然地，這已經是事件的尾聲了。我們或許可以稱這種現象爲「從尾巴抓獅子」，這絕非明智之舉。就像遇見一頭危險的野獸一樣，我們應該正面迎戰逼近的心理狀態。只要有耐心，就可以在它們即將從潛意識冒上來時，就認出它們。

禪定帶你往何處去？

由於心理狀態是從潛意識升起來的，爲了捕捉它們，你必須將覺知延伸到這個潛意識的領域。那很困難，因爲你看不到下面所發生的事，至少與你所看到的意識思惟不一樣。不過你可以從學習中得到一個模糊的動感，並且藉由心理觸感加以操作。這需要練習，效果則取決於禪定的深刻程度。禪定減緩這些心理狀態的生起，讓你有時間去感覺它在潛意識的生起，在第一時間就發現它。禪定將幫助你，把覺知延伸到思惟與感覺初升的幽玄地帶。

當你的禪定加深時，你將有能力看見思惟與感受緩慢地生起，像一個個氣泡，各自不同而且錯開。它們從潛意識慢慢冒上來，在意識領域停留一陣子後，就悄然消逝。

覺知對心理狀態的運用是一種精確的操作，對感覺或感受更是如此。

覺知對心理狀態的運用是一種精確的操作，對感覺或感受更是如此。我們很容易超過感受，換言之，在事實之外增添一些東西。或者，我們也很容易低於預期的感受，只得到其中一部分，而非全部。你努力的理想是完全如實地體會每一個心理狀態，既不增添，也不遺漏任何一個部分。讓我們舉腳痛爲例。它事實上只是一種單純與流動的感受，經常在改變，每一刻都不一樣。它從一處轉移到另一處，忽強忽弱。疼痛不是一個東西，而是一個事件。不應該在它上面添加或指涉任何概念。一個單純不受障礙的覺知，只會感到它是一種能量的流動形態，僅此而已。沒有思惟與排斥，只有能量。

都是概念惹的禍！

在初期的禪修練習中，需要重新思考我們對於概念化觀念的重要假設。我們多數人在學校與生活中，都以推理的方式，學會高超的操縱心理現象與概念的能力。無論是我們的職業、日常生活中的許多成就，以及熱絡的人際關係，絕大多數都被視爲成功操縱概念的結果。不過，在開發正念時，先暫時擱置概念化的過程，把焦點集中在心理現象單純的本質上。在禪修期間，我們嘗試在領先概念的層次上去直接體驗自己的心。

在禪修期間，我們嘗試在領先概念的層次上去直接體驗自己的心。

但是人類的心早已習慣把這些事件概念化爲疼痛，你發現自己正把它想成一個專有名詞──「疼痛」。那是一個概念，或是一個標籤，是加諸在感受上的東西。你發現自己建構了一個心理印象，一個疼痛的畫面，你把它具體化了。你可能看到一個腿部周遭環繞著彩色疼痛的畫面，這很有創意也很有趣，不過不是我們想要的，那些是附加在活潑實相上的概念。你可能會自憐地想：「我的腿有一處疼痛。」「我」是一個概念，它是一個額外附加在單純經驗上的東西。

當你把「我」引進這個過程時，你是在實相與覺知實相之間，建造了一個概念的鴻溝。諸如「我」或「我的」的想法，在直接覺知上並無立足之地，它們是額外附加與多餘的。當你把「我」引進這個畫面時，你是在對疼痛做確認的動作，那只會更強調它而已。如果你不把「我」拉進來，疼痛就不會那麼痛了。它只是一個單純激增的能量流，它甚至可以是很美好的。如果你發現「我」正迂迴地涉入疼痛或其他感受的經驗中，那時只要注意觀察即可。對於疼痛的個人化過程保持正念正知。這整個觀念可以說是再簡單不過。你希望如實觀察每一個感受，無論是疼痛、喜悅或無聊。你希望以自然和純粹的方式，完全體驗那件事。只有一個方法可以辦得到，那就是你的時機要抓得很精準。每一個感受的覺知都要精確地符合那個感受。只要稍有延遲，你就錯失了開端，而無法掌握全貌。如果你在它消退後才停留在那個過時的感受上，那時你所執著的只是記憶。那件事本身已經不見了，由於執著那個記憶，你因此又錯失了下一個感受的生起。那是很微細的操作，你必須要活在當下，毫不遲疑地提起與放下。那是很輕微的接觸，你對感受的接觸不應該是過去或未來，而是當下這一個。

如果你發現「我」正迂迴地涉入疼痛或其他感受的經驗中，那時只要注意觀察即可。

聽「見」有人掉盤子……

人類的心很容易把現象概念化，它發展出許多聰明的方法來達成這個目標。如果你放縱心，則每一個單純的感受都會引發概念性的思考。讓我們舉聽為例。你在禪坐，而隔壁房間有人掉下來一個盤子，聲音刺激到你的耳朵，你馬上「看」到另一個房間的畫面，也許還看到讓盤子掉下來的人。如果這是一個熟悉的環境，比方說是你自己的家，你可能還會有三度空間色彩鮮明的內心動畫，你會看到誰掉了盤子，以及掉的是哪一個盤子。這整個程序都是瞬間在意識呈現出來的，它就這麼鮮明而清楚地從潛意識跳出來，讓人忽略其他事物，而只注意到它的存在。究竟原來的感受，那個單純聽的經驗是怎麼一回事？它在渾沌中遺失了，完全被蓋過與遺忘。我們錯失了實相，進入一個幻想的世界。

這裡有另外一個例子：你正在禪坐，這時有一個聲音刺激到你的耳朵。那只是一個微弱的聲響，隱約的嘎吱聲。它可能是任何一件事。接下來可能發生像這樣的事：「那是什麼？是誰做的？從哪裡發出來？距離有多遠？有危險嗎？」就這麼一直繼續下去，除了你的幻想投射之外，得不到任何答案。

聽，就對了！

概念化是一個暗中危害的聰明過程，它潛進你的經驗，在不知不覺的情況下接手。禪修中，當你聽到一個聲

概念化是一個暗中危害的聰明過程，它潛進你的經驗，在不知不覺的情況下接手。

音時，只要對聽的經驗保持正念正知，如此而已。事實就是這麼簡單，以致我們很容易把它整個遺漏掉。聲波以某種獨特的模式刺激耳朵，那些波在腦內被轉譯成神經刺激傳導，而那些神經刺激則對意識呈現出聲音的模式。如此而已。沒有畫面，沒有內心動畫，沒有概念，也沒有內在的對話。只有聲響，實相單純與質樸得很優雅。當你聽到一個聲音時，注意聽的過程。其他的事都只是絮聒而已，拋開它。這個規則同樣適用於其他的感受、情緒與經驗。注意看你自己的經驗，鑽進內在層層城府，看看裡面究竟有什麼。你可能會訝異，它竟然如此簡單，如此莊嚴。

沒有畫面，沒有內心動畫，沒有概念，也沒有內在的對話。只有聲響，實相單純與質樸得很優雅。

分心又何妨？

有時候好幾種感覺會一起產生，你可能同時有一個恐懼的想法、胃痙攣、背痛，還覺得左耳垂很癢。不要坐在那裡不知所措，不要一直來回變換，或懷疑選哪一個才好。其中有一個會是最強的，你只要開放自己，最顯著的對象會自己跳出來，吸引住你的注意力。因此只要注意看著它出現與消失就夠了，然後再重新回到呼吸上。如果另一個對象自己跳出來，就讓它進來，當它結束後，再重新回到呼吸上。

不過，這個過程有可能被過度延伸。不要坐在那裡尋找注意的對象。把正念安放在呼吸上，直到有東西跳進來，把你的注意力引開爲止。當你覺得分心發生時，不要與它對抗。讓你的注意力自然地流到那個分心上，把它放在那裡，直到分心消失爲止，然後再回到呼吸上。不要尋找其他的生理或心理現象，只要讓注意力回到呼吸上。有時候你會不小心睡著，一段時間之後，才突然醒來，這時你才了解到你已經偏離正軌好一陣子了。不要氣餒，了解你已經分心之後，再回到呼吸上。完全不需要有任何負面的情緒反應。了解你已經分心，就是覺知的表現，它本身就是正念的行爲。

了解你已經分心，就是覺知的表現，它本身就是正念的行為。

像練肌肉一樣練習正念

正念經由練習而進步，就像練肌肉一樣，每一次運動，都會進步一些，讓它變得更強壯。你感覺醒來的那個事實，代表正念已經發揮作用。那表示你贏了，你可以沒有懊悔地回到呼吸上。不過，懊悔是一種受條件制約的反射動作，可能會不由自主地生起，這又是另一種習氣④。如果你發現自己感到挫折、氣餒或自責，只要以正念正知觀察即可。那是另一個分心。注意它，看著它消逝，再回到呼吸上。

上述準則應該被徹底運用在你所有的心理狀態上。你很快就會發現這是果決的訓練，也是棘手的工作。你也會發現自己只願意把這個技巧運用在經驗的某一部分，而排除其他的部分。

跳出沼澤的撇步

禪修有點像是內心的酸劑，它會緩慢侵蝕任何放在它上面的東西。我們人是很奇怪的動物，總是喜歡某種毒藥的味道，而且還堅持要吃，即使被毒死也無所謂。我們所執著的思惟就是毒藥。你發現自己對於某些思惟會熱心地追根究柢，而對其他一些想法卻異常守護與珍惜，不願深入探究，那就是人的情況。

內觀禪修不是一種遊戲，清晰的覺知不只是過去的喜悅時光而已。它是一條解脫眾生困境的道路，那個困境是貪與瞋所形成的沼澤。把覺知運用在負面的存在情況，相對而言是比較簡單的。一旦你看過恐懼與沮喪在覺知的聚光燈下消散殆盡，你就會想再重複那個過程。那些是令人不悅的心理狀態，它們帶來傷害，你希望擺脫那些事，因爲它們會困擾你。要將相同的過程運用在你所鍾愛的心理狀態，例如愛國心、親情或摯愛上，則困難得多。不過也一樣重要，善執和惡執一樣會把你困在泥淖中。如果你勤修內觀禪，就會更容易跳脫出來，重新呼吸到新鮮的空

如果你勤修內觀禪，就會更容易跳脫出來，重新呼吸到新鮮的空氣。

氣。內觀禪是到達涅槃的道路，從那些已經攀上頂峰者的報告來看，你所付出的每一分努力都是非常值得的。

注釋

①無染，超越一切的煩惱、執著，進而保持清淨的心性。

②蓋，指煩惱，因煩惱覆蓋障礙了善的心念。蓋有五種，那就是貪欲蓋、瞋恚蓋、昏沉睡眠蓋、掉舉惡作蓋、疑蓋，合稱「五蓋」。

③掉舉，指心浮動不安的精神作用，與「昏沉」相對。此外，惡作與掉舉合稱「掉悔蓋」。

④習氣，又叫做煩惱習、餘習、殘氣，簡稱習。由於思想及行為（尤以煩惱）經常生起，薰習於我們心中的習慣、習性、餘習、殘氣等，都稱為「習氣」。

第十三章

正念

正念是從巴利文 sati 這個字翻譯過來的，sati 是一種活動。它確實的意義是什麼呢？其實沒有確切的答案，至少很難用文字表達。文字是心設計出來的符號，它們以符號的模式描述那些事實。正念是領先符號的，不受邏輯的束縛。雖然如此，正念是可以被體驗的，相對而言這是比較簡單的，而且也可以被描述出來，只要你記住，文字只是指著月亮的指頭，而不是月亮本身。眞實的經驗超乎文字與符號之上。正念可以用與此處全然不同的辭彙加以描述，而每一種描述也都可能是正確的。

正念是當下正在進行的微妙過程，這個過程超越文字，卻不會讓它變得不眞實——恰好相反，正念是產生文字的實相，其後隨之而來的文字只是實相的影子而已。因此，了解以下所說的事都只比喻而已，這很重要，它們並非實相。實相是超越語言文字的，不過你可以體驗它。兩千五百年前，佛陀介紹的禪修技巧名爲內觀，它是一套專門用來體驗無間正念的心理活動。

正念是產生文字的實相，其後隨之而來的文字只是實相的影子而已。

當你牙牙學語時，就曾有純粹的覺知

當你初次認識某些事物時，就在你將它概念化或確認之前，有短暫的純粹覺知。那是一種覺知的狀態，通常這個狀態只維持很短的時間，就在你把眼睛與心集中在事物

上的那一瞬間，在你把它具體化、在心理上鎖定它、從其他事物中抽離出來之前。它在你開始想起來，在你的心裡說：「哦，那是一隻狗。」之前就發生了。那個焦點柔和、瞬間流動的純粹覺知就是正念。在那個短暫的心理瞬間，你經驗到一件未成形的事物。你經驗到瞬間即逝的純粹經驗，那是與其餘實相互相連結，而非分離的。正念很像是以眼角餘光看事情，那有別於正眼所見。然而，這個柔軟與非集中的瞬間覺知，卻包含一種非常深入的認識，那是你把心集中並將對象具體化後所缺乏的。在一般認識的過程，正念的步驟是瞬間即逝的，因此很容易被忽略。我們已經養成只注意其餘步驟的習慣，把焦點放在認識、認知、貼標籤，以及最重要的，涉入一長串符號的思惟中。原始的瞬間正念一閃即逝，修習內觀禪的目的，就是訓練我們延長覺知的時間。

原始的瞬間正念一閃即逝，修習內觀禪的目的，就是訓練我們延長覺知的時間。

當這個正念被使用適當的技巧加以延長後，你將發現這個經驗非常深奧，而且還會改變你的整個世界觀。要達到這種認識層次需要靠學習，以及持之以恆的練習。一旦你學會了這個技巧，你會發現那個正念有許多非常有趣的層面。

正念的特質

正念是反射鏡式的思惟，只會如實反映所發生的事，沒有偏見。

特質一：是什麼就是什麼

正念是不帶評判的觀察，它是內心無私觀察的能力。有了這個能力，一個人才可以不從責難與評斷的角度來看事情。他不會爲任何事感到驚訝，他只是不偏不倚、如實地看待當下的經驗。他既不決定也不評判，就只是觀察。請注意，當我們說：「他既不決定也不評判」時，我們的意思是，這個禪修者的觀察經驗，很像是科學家在顯微鏡下觀察物體，沒有任何先入爲主的意見，就只是如實地觀察。禪修者以同樣的方式注意無常、苦與無我。

這個禪修者的觀察經驗，很像是科學家在顯微鏡下觀察物體，沒有任何先入為主的意見，就只是如實地觀察。

如果我們不能在事件發生時，接受內心的各種狀態，就不可能客觀地觀察心裡發生的事，對於不喜歡的心理狀態而言更是如此。爲了觀察自身的恐懼，我們應該先接受我們害怕的這個事實。如果不能完全接受自己的沮喪，我們就不可能檢視它。這對於惱怒、激動、挫折與其他不舒服的感情狀態來說也同樣適用。你無法一邊忙著排斥某些事，一邊還能徹底檢視它。對於任何我們擁有的經驗，正念都一概接受。它只是生命的另一個事件，另一個該被覺知的事而已。沒有驕傲、羞愧，或者個人的情緒，它是什麼，就是什麼。

特質二：不偏不倚的覺察

正念是一種不偏不倚的覺察。它不會選邊站，不會執著所認知的事，它就只是覺知。正念不會因爲好的心理狀態而入迷，也不會嘗試迴避不好的心理狀態。它既不會執著樂，也不會逃避苦。正念平等地對待一切經驗、思惟與感覺，它沒有任何壓抑，也沒有個人的好惡。

正念平等地對待一切經驗、思惟與感覺，它沒有任何壓抑，也沒有個人的好惡。

特質三：毫無遮蔽的注意力

正念是非概念性的覺知。形容正念的另一個字眼是「毫無遮蔽的注意力」(bare attention)。它不是思考，與思惟或概念都無關，也不會停留在觀念、意見或記憶上，它只是看。正念只在乎經驗，但是它不會比較它們。它不會給它們貼標籤或歸類。它觀察每一件事都像是第一次接觸它們，不是建立在反省與記憶之上的分析，而是對於當下發生事件直接而立即的經驗，未經思惟的媒介。它在認知的過程中比思惟來得早。

特質四：當下的覺知

正念是當下的覺知，它就發生在此時此地。它是對現在正在發生的事件做觀察。它永遠待在現在，永遠都在時光前進的波峰上。如果你回想起二年級時的老師，那是回憶；接著，當你覺知到你正在回憶二年級的老師，那就是正念。如果你再把這個過程概念化，並對自己說：「噢！我正在回憶。」那是思惟。

特質五：無我的警覺

秉持正念看一切現象的人，不會有「我」或「我的」這樣的概念。

正念是不以自我為中心的警覺，它是在無我的前提下發生的。秉持正念看一切現象的人，不會有「我」或「我的」這樣的概念。例如，假設你的左腿疼痛，一般的意識會說：「我有個地方痛。」使用正念的話，一個人只會注意到感受就是感受。他不會附加一個額外的「我」的概念在上面。正念禁止一個人對認知增添或減少任何東西，他既不會增加，也不會強調任何事物。他只是如實觀察，毫無扭曲。

特質六：覺知變化

正念覺知變化，它觀察經驗之流。它看著事物變化，看著一切現象出生、成長與成熟，也看著現象衰敗與滅亡。正念須臾不離地持續看著事物。它觀察一切現象，不論物理、心理或感情，以及任何在心裡呈現的現象。禪修者則只是坐著看表演。正念是對過往現象本質的觀察，看著事物生起與消逝。看著事物怎麼讓我們產生感覺，以及我們如何對它做出反應。它觀察這件事如何影響周遭。在正念中，禪修的人是無私的觀察者，他唯一的任務便是持續追蹤內在世界的無常表演。

在正念中，禪修的人是無私的觀察者，他唯一的任務便是持續追蹤內在世界的無常表演。

請記住還有一點是，在正念中，一個人看的是內在世界。開發正念的禪修者，關心的不是外在世界。它就在那裡，但是在禪修中，一個人的探究領域是他自己的經驗，是他的思惟、感覺與認知。在禪修中，他的實驗室就是他自己。內在世界有龐大的資料庫，反映外在世界與更多的事物。檢視這些材料將，就能帶來完全的解脫。

正念是參與的觀察，禪修者同時是參與者與觀察者。當一個人在看他的感情或生理感受時，他同時也在感覺它們。正念不是一種智力的了解，它就只是覺知。鏡式思惟的比喻在這裡失效了，正念是客觀的，但不是冰冷或是沒有感覺的。它是生命覺醒的經驗，一種生活過程中警覺的參與。

正念在文字上很難定義，不是因爲它很複雜，而是因爲它太簡單，太開放了。同樣的問題也發生在人類的每一個經驗領域，最基本的概念總是最難定義。查閱字典就是最明顯的例子，長字通常都有簡明的定義，但是基本的短字，像是「the」與「be」的定義則有一長頁。在物理上，愈基本的功能愈難描述，像那些與量子力學有關的基礎事實就是。正念是領先符號的作用，你可以整天玩弄文字符號，卻根本無法確定它。我們永遠無法完全描述它是什麼，不過，我們可以說它做了什麼。

正念有三種基礎活動

正念有三種基礎活動，這也可以做爲這個術語的功能性定義：（一）正念提醒我們應該做什麼；（二）正念如實地觀察事物；（三）正念看見一切現象的眞實本質。讓我們詳細檢視這些定義：

一、正念提醒我們應該做什麼

在禪修中，你把注意力放在一個地方。當你的心偏離這個焦點時，正念會提醒你，你的心正在徘徊，以及你應該做什麼。是正念把你的心拉回禪修的目標，這一切都在瞬間發生，沒有內在對話。正念不是思考，在禪修中反覆練習它，當它變成心理習慣之後，以後便都可以受用。一

正念不是思考，在禪修中反覆練習它，當它變成心理習慣之後，以後便都可以受用。

個認眞的禪修者隨時保持正念正知，日復一日，無論是否是正式的禪坐都一樣。這是一個非常崇高的理想，往往需要經過數年甚至數十年的練習才可能達成。我們執著於思惟的習慣是日積月累而成的，那個習慣會以最頑強的態度纏住我們。唯一的解決辦法就是用同樣堅持的態度開發相續的正念。當正念生起時，你就會注意到你當時對思惟模式的執著。正是那樣的注意讓你得以跳出那個思惟過程，得到解脫。正念接著把你的注意力拉回它正確的焦點上。如果你當時是在禪修，那麼你的焦點就是正式的禪修對象；如果你不是在禪修，那就只是正念本身單純的作用，只是單純注意生起的事物而不涉入：「啊！這開始了……現在是這個，現在是這個……現在是這個。」

一個認真的禪修者隨時保持正念正知，日復一日，無論是否是正式的禪坐都一樣。

正念既是毫無遮蔽的注意力，也是在我們分心時提醒我們注意的功能。毫無遮蔽的注意力就是察覺，它只是藉由注意「當下它不存在」來重建它自己。一旦你察覺到自己沒有在察覺，那麼根據定義，你就是在察覺，這時你已經重新回到正念上。

正念在意識上創造出它自己獨特的感覺。它有一種風味：輕盈、明亮且充滿活力。相形之下，意識的思惟則是粗重、沉悶而又顢頇。不過，這些畢竟都只是文字。你自己的練習會告訴你差別所在，然後你可能會提出自己的文字，而這裡所用的文字則會變成是多餘的。記住，練習才是關鍵。

二、正念如實地觀察事物

正念既不會對認知加油添醋，也不會刪減任何東西。它不會做任何扭曲。

正念既不會對認知加油添醋，也不會刪減任何東西。它不會做任何扭曲。它是毫無遮蔽的注意力，只觀察任何出現的事物。意識思惟則把東西貼到我們的經驗上，讓我們負擔概念與意見，把我們淹沒在計畫與憂慮，以及恐懼與幻想翻騰的漩渦中。如果有正念，你就不會玩那種遊戲。你只是注意內心當下生起的事物，接著，你注意到下一件事：「啊！這個……還有這個……以及現在這個。」它真的很簡單。

三、正念看見一切現象的真實本質

正念，而且只有正念，才能理解佛教所教導實相的三個主要特徵：無常、苦與無我（巴利文分別為anicca、dukkha以及anatta）。這三個特徵不是盲目的教條式信仰，佛教徒認為任何人只要以正確的方式研究，就會發現它們是普遍與自明的實相。正念是研究的方法，正念本身有能力揭露人類所能觀察到最深層的實相。在這個檢視的層面，人們了解到：（1）一切因緣法本質上都是短暫的；

(2) 所有世間法到頭來都是無法令人滿足的；(3) 其實沒有永恆不變的實體，只有過程。

正念的運作就像是電子顯微鏡，它在一個微細的層面操作，讓人可以在意識思想過程最好的理論架構下，直接掌握那些實相。正念看見每一個念頭無常的特性，看見一切被認知的事物何其短暫及其不斷流逝的本質。它還看見一切因緣法無法被滿足的固有本質。它看見在這些流動表演中，你什麼也抓不住；平靜與快樂無法用這樣的方式尋獲。最後，正念看見一切現象根本無我的本質。看見我們獨斷地選擇某些想法，把它們從經驗之流中截取出來，然後將之概念化成獨立與恆存的實體。正念實際看見這些事，不是用想像的，而是直接看見它們。

正念看見每一個念頭無常的特性，看見一切被認知的事物何其短暫及其不斷流逝的本質。

當它被完全開發時，正念立即且直接看見存在的這三個特徵，不經意識思惟的媒介。事實上，這三者在本質上是一體而非分開的。它們全都是我們努力進行這個名爲「正念」的單純基礎過程的結果，並且用意識層次不充足與笨拙的思惟符號加以表達。正念是一個過程，並非逐步發生，而是整個一起發生：你注意到自己缺乏正念，而那個注意本身就是正念的結果；正念就是毫無遮蔽的注意力，而毫無遮蔽的注意力則是如實觀察實相；它們存在的方式是無常、苦與無我。這一切都在幾個剎那之內發生。

不過這並不表示，你會在生起正念的第一瞬間，馬上達到解脫（擺脫一切人類的弱點）。學習把正念整合到你的意識生活完全是另一個過程，而學習延長這個正念的狀態則又是另外一個。不過，它們都是令人喜悅的過程，非常值得你努力去做。

正念（sati）是內觀（vipassanā）禪的核心

正念是內觀禪的核心，也是整個過程的關鍵。它同時是這個禪修的目標，以及到達終點的方法。你藉由警覺而達到正念。另一個被翻譯成正念的巴利文是appamāda，它的意思是不放逸或不錯亂，亦即隨時掌握內心的實況，達到最清明的狀態。

巴利文的 sati 還有「記得」的含義。它不是回憶過去的想法或畫面的意思，而是清楚、直接與默默地覺知什麼是，什麼不是；什麼對，什麼不對；以及我們正在做什麼，與我們應該怎麼做。正念提醒禪修者在恰當的時間把注意力放在正確的對象上，並且確實精進以完成任務。當這個精進被正確地運用時，禪修者會持續處在一種平靜與警覺的狀態。只要保持這種情況，則「五蓋」或「煩惱」就無法生起，也就沒有貪心、瞋恨、欲望或懶惰。

只要保持這種情況，則「五蓋」或「煩惱」就無法生起，也就沒有貪心、瞋恨、欲望或懶惰。

但是我們都是人，也都會犯錯。我們多數人都重複地犯錯。儘管是眞誠地精進，禪修者還是偶爾會讓他們的正念溜走，然後發現自己陷入一些令人遺憾，不過還算正常的人類失誤上。是正念注意到那個改變，同時也是正念提醒我們要精進，以跳脫那樣的困境。正念溜失的情況會一再發生，不過它們的頻率會隨著練習而遞減。

一旦正念將這些煩惱移除後，更健康的心態就會取而代之。瞋恚變成慈悲，欲望則成爲離欲。同樣也是正念注意到這個改變，並提醒內觀禪者保持那個微細的心靈敏銳度，那是保留這些更值得擁有的心理狀態所必須的。正念促進智慧與慈悲的成長，讓它們可以達到完全成熟的境界。

正念促進智慧與慈悲的成長，讓它們可以達到完全成熟的境界。

我們的內心深處埋藏著一個機制，即接受美好與歡樂的感覺，而排斥醜陋與痛苦的經驗。這些機制帶來的那些心理狀態是我們要訓練自己將之去除的，例如貪心、欲望、瞋恚、厭惡與嫉妒等等。我們選擇去除這些障礙，不是因爲它們字面上邪惡的關係，而是因爲它們的強制性；因爲它們會把心整個接管過去，完全擄獲我們的注意力；因爲它們在封閉的思惟小圈圈中來回打轉；而且，因爲它們會把我們與活潑的實相隔離開來。

這些障礙在正念存在時無法生起。正念是對於當下實相的注意，因此與構成障礙的迷惘心態直接對立。身爲禪修者，只有當我們讓正念溜走時，內心深沉的機制才會出來接管，亦即抓取、執著和拒絕。接著阻力就出現了，並且遮蔽我們的覺知。我們沒有注意到改變正在發生，因為我們正忙於進行報復、貪婪或其他的想法。一個未經訓練的人會一直處於這種狀態中，而一個經過訓練的人則會馬上了解正在發生的事。是正念注意到這個改變，也是正念記得曾經受過的訓練，並且集中我們的注意力，化解迷惑。此外，正念還會嘗試讓它自己一直維持下去，讓阻力無從再次生起。所以說，正念是煩惱障的特效藥，它既是藥方，也是預防的手段。

正念化解心中的煩惱

完全開發的正念是一種對世上一切事物完全無染與不執著的狀態。

完全開發的正念是一種對世上一切事物完全無染與不執著的狀態。如果我們可以維持這個狀態，就不需要其他的方法與措施來讓我們遠離障礙，進而從人類的缺陷中達到解脫。正念不是粗淺的覺知，它深入看事情，潛入概念與意見的表層底下。這種深入的觀察讓我們完全確定，沒有絲毫疑惑。它表現出來的，主要是一種持續且穩定的注意力，永遠不會退縮和移轉。

這個純淨無染的覺知不只能排除心理障礙，還能讓它們的機制暴露出來，並加以摧毀。正念化解內心的煩惱，達到無染與安定的境界，完全不受生命起伏的影響。

第十四章

正念與禪定

內觀禪是一種平衡心理的活動，你的目標是開發心的兩種美德，亦即正念與禪定。原則上，這兩者是一組的，可以說是前後並排的雙頭馬車。因此，以平衡的態度一起開發它們，是很重要的。如果偏重其中一項而犧牲另一項，就會失去心的平衡，無法達成禪修的目標。

什麼是「心一境性」？

禪定與正念是截然不同的功能，在禪修中扮演的角色也不同，兩者之間的關係是明確而微妙的。禪定通常被稱為「心一境性」①，就是迫使心穩定地安住在一點上。注意「迫使」這個詞，禪定是具有強制性的活動，可以藉由不懈的意志力被強行開發出來，一旦被開發出來之後，它還是保有原先力量的特色。另一方面，正念則是一種帶來精妙感受的微細功能。這兩者是禪修任務中的夥伴，正念是較敏感的一個，它注意事物，禪定則提供力量，它讓注意力固定在一個項目上。原則上，正念負責連繫，它挑出注意的對象，並警覺注意力是否離題。禪定則負責實際的工作，將注意力穩穩地鎖定在選擇的對象上。如果其中一個夥伴偏弱，你的禪修就無法正常運作。

正念是較敏感的一個，它注意事物，禪定則提供力量，它讓注意力固定在一個項目上。

禪定可以被定義為心專注於一個對象上不動。真實的禪定是健康的心一境性，這是應該被重視的。換言之，這個狀態是沒有貪、瞋、癡的。不健康的專注也有可能，但是無法帶來解脫。你可能在欲望裡心一境性，不過那成不了事。持續集中在你憎恨的事物上對你毫無幫助，事實上，即使達到這種不健康的禪定也是相當短暫的，尤其當它被拿來傷害他人的時候。眞實的禪定是沒有這種染著②的。它是一種心被集中在一起的狀態，能力與密度因此而提高。我們可以用透鏡來做比喻，平行的太陽光束照射在一張紙上，頂多只能溫暖它的表面。但是當同樣的光束，經由透鏡被集中在一點時，紙張就可能會燃燒起來。禪定就是透鏡，它創造看透內心所需的燃燒密度。正念則選擇透鏡聚焦的目標，然後透過它去看裡面有什麼。

水能載舟，亦能覆舟

禪定應該被視爲工具，像任何工具一樣，可以拿來用在好的或壞的用途上。一把尖銳的刀子可以用來創造美麗的雕刻，也可以用來傷害別人，端視使用刀子的人而定。禪定也一樣，如果使用正確，將可以幫助你達到解脫。不過它也可能被用於自我的目的上，也可以用在成就與競爭的框架中。你可以利用禪定來控制別人，你可能爲了一己之私而使用它。眞正的問題是，禪定本身不會提供你自我的觀點，它與自私的基本問題，以及痛苦的本質都沒有關

禪定本身不會提供你自我的觀點，它與自私的基本問題，以及痛苦的本質都沒有關係。

係。它可以被用來挖掘深層的心理狀態，但是即使在這個時候，以自我爲中心的力量也無法被了解；只有正念才能了解自我，只有正念會帶來智慧。此外，禪定還有其他的限制。

眞正的深定只有在特殊的條件下才會發生。佛教徒大費周章地蓋禪堂與寺院，主要目的就是創造一個不會分心的環境，沒有噪音，也沒有其他的干擾，以便學習這個技巧。此外，同樣重要的是，創造一個沒有感情紛擾的環境。禪定的發展會受到五蓋的阻礙，我們在第十二章已經談過，包括感官歡樂的貪欲、瞋恚、昏沉、掉舉與疑。

在清淨之地清修

寺院是一個嚴格控制的環境，在那裡，感情的干擾被降到最低。異性不准同住，因此，欲望就無從生起。那裡也不允許擁有個人財產，因此減少所有權的爭執，並且降低貪婪的機會。禪定還有另一個難處應該被提及：在深刻禪定中，你只專注於禪修的對象，因而忘記其他一切瑣事，例如你的身體與身分，以及你周遭的一切事物，把自己暴露在危險中。再一次地，寺院是一個有用的便利設施。曉得有人在看顧你是很好的，他們會照顧你的食物與身體安全。沒有這種保障，你將無法放手修習深定。

在深刻禪定中，你只專注於禪修的對象，因而忘記其他一切瑣事。

然而正念就沒有這些限制，正念不需要依賴任何特殊的環境或外在條件。它只是單純的注意，因此可以自由地觀察任何出現的事物，欲望、瞋恚或噪音。正念不受任何條件限制，它隨時隨地都可以存在。此外，正念沒有聚焦的固定對象，它觀察的是變化。因此，正念有無盡的注意對象，只注意任何通過內心的事物，並且不加以分類。分心與干擾被也可以和呼吸一樣被當成禪修的對象加以觀察。在一個純粹正念的狀態下，你的注意力只會隨著心中任何發生的改變而流動：「變動，變動，變動。現在這個，現在這個，還有現在這個。」

開發正念不需要咬緊牙根

你不能用強迫的方式開發正念。咬緊牙根的意志力不會帶給你任何好處，事實上，那還會阻礙進步。正念無法藉由勉強奮鬥開發出來，而是藉由了解，藉由放下，也藉由隨遇而安才能成長。這並不表示正念會自發性地產生，絕非如此，正念的開發仍需要精進與努力。但是這個努力與勉強不同，正念是藉由溫和的努力而被開發出來。你必須經常提醒自己，於當下維持清楚的覺知。堅持與輕輕接觸是它的祕訣，開發正念必須藉由溫和、溫和又溫和的方式，把你自己拉回覺知的狀態。

正念無法藉由勉強奮鬥開發出來，而是藉由了解，藉由放下，也藉由隨遇而安才能成長。

正念也無法使用在任何自私的目的上，它是無私的警覺。在純粹正念的狀態中並沒有一個「我」，因此沒有自我可以展現私心。相反地，是正念讓你對自己產生眞實的認知。它讓你能退後一步，觀看自己的貪欲與瞋恚，然後你可以說：「啊哈！原來我就是這個樣子。」

在正念的狀態中，你看見自己眞實的樣子。你看見自己自私的行爲，看見自己的痛苦，以及你如何創造那個痛苦。你也看見自己如何傷害別人。你突破了平常告訴自己的謊言假象，看見事物的實相，正念帶來智慧。

正念並不是要嘗試得到什麼東西，它就只是看。因此，貪欲與瞋恚皆與它無關。

正念並不是要嘗試得到什麼東西，它就只是看，因此，貪欲與瞋恚皆與它無關。爲了達到目標而競爭與奮鬥，在這個過程中毫無用處，正念並不瞄準任何東西，它就只是看既存的事物。

正念就是看清事實

正念的功能比禪定更廣大，它無所不包。禪定是排外的，只安頓在一件事情上，而忽略其他事物。正念則是內括的，它站在焦點後面，用一個更寬廣的焦點看事情，迅速察覺任何發生的改變。如果你把心集中在一顆石頭上，禪定將只看見石頭。正念則退到這個過程後面，覺知這顆石頭，覺知禪定集中在這顆石頭上，覺知聚焦的強度，並且當禪定分心時立即覺知注意力的轉移。注意到分心已經發生的是正念，也是它將注意力重新拉回到石頭上。正念比禪定更難開發，因爲它是更深刻的功能。禪定只是把心集中在一起，就像是雷射光束，有直射內心的能力，而且能照亮所在的部位。不過禪定並不了解它所看見的東西，正念則可以檢視自我的機制，並且了解它所看見的東西。正念可以突破痛苦的迷思與不當的機制，讓你得到解脫。

要增長正念，就先接受你本來的樣子

不過，這裡又有另一個矛盾。正念並不對它所看見的東西做出反應，它只是看與了解。正念是耐心的要素，因此，不管看見什麼，都應該只是單純地接受、承認，以及冷靜地觀察。這並不容易，不過卻是必要的。我們是無知的，我們是自私、貪婪與自大的，我們充滿欲念而且會說謊。這些都是事實。正念的意思是看清這些事實，並且耐心對待自己，接受我們本來的樣子。那違反我們的意願，我們並不想接受它，我們想要否定它，或改變它，或爲它辯護。不過，接受是正念的要素，如果我們想要正念增長，我們就應該接受正念發現的東西。它可能是無聊、惱怒或恐懼。它也可能是弱點、缺失或過錯。不論它是什麼，我們就是那個樣子，那是實相。

不論它是什麼，我們就是那個樣子，那是實相。

正念單純地接受一切存在的事物。如果你想增長正念，耐心接受是唯一的途徑。

正念單純地接受一切存在的事物。如果你想增長正念，耐心接受是唯一的途徑。增長正念只有一個方式：藉由持續地練習正念，藉由單純地嘗試保持正念，換言之，就是要有耐心。這個過程既不能勉強，也不能匆忙，它有自己的節奏。

禪定與正念在禪修的任務上攜手並進。正念是營運的經理，它能引導禪定的力量。禪定提供力量，正念則利用它們穿透內心深層，二者的合作形成洞見與了解，人們應該以平衡的態度將之同步開發。只是正念應該多受到一點重視才對，因爲它是禪修的中心。解脫不一定需要最深層的禪定，覺知和定力的平衡才是最重要的。如果有太多覺知而缺少定力加以平衡，結果就很像濫用迷幻藥之後，處於過度敏感的狂亂狀態；如果定力太多而缺少適度的覺知加以平衡，則會形成「石佛」的症狀，你平靜地坐在那裡，就像一顆石頭一樣。這兩種情況都應該避免。

開始禪修時，每個人都會有一顆「猴子心」

心靈開發的最初階段是特別敏銳的，在這個時候過於強調正念將會阻礙禪定的發展。剛開始禪修時，你注意到的第一件事是：心竟然如此活躍。上座部傳統稱這種現象爲「猴子心」，西藏傳統則把它比喻爲思惟的瀑流。如果你在這個時候強調覺知的功能，則要覺知的事太多，當然不可能入定。不要灰心，這問題每個人都會碰到。有一個簡單的解決辦法就是，剛開始時，先把努力的重心集中在一點上，只要不斷把注意力從遊盪中拉回，百折不撓。第七與第八章對此有完整的教導。照這樣做幾個月之後，你將會培養出定力來，接著就可以把重心移到正念上。不過，要注意，修禪定，可不要修到發現自己正逐漸進入恍惚的狀態。

定力怎麼練？

禪定與正念這兩者之中，後者還是比較重要。一旦內心安定到足以開發正念時，就應該立即進行。正念提供後續深層禪定發展所需的基礎，多數失衡的狀況都會及時自行修正。正定在強大正念覺醒時自然發展出來，你愈發展注意的要素，就會愈快注意到分心，也將能愈快從中抽離，回到正式的專注對象上，結果自然造成定力提升。此外，當禪定發展時，也將會促進正念的發展。你的定力愈高，就愈不可能陷入持續的分心中。你只是注意那個分心，然後就把注意力拉回禪修的對象上。

當禪定發展時，也將會促進正念的發展。你的定力愈高，就愈不可能陷入持續的分心中。

這兩個要素會自然地平衡，並且相互提攜。在這裡，你唯一需要遵循的原則是：開始時先努力修習禪定，直到如果你發現自己的心很紛亂，就強調禪定。如果你發現自己陷入恍惚，就強調正念。

猴子心的現象平靜下來爲止；之後就把重心放在正念上。如果你發現自己的心很紛亂，就強調禪定。如果你發現自己陷入恍惚，就強調正念。總的來說，正念應該被強調多一點。

正念在禪修中引導你的發展，因爲正念擁有自覺的能力。正念會帶給你禪修的遠景，並且讓你知道你做得如何。不過不要太擔心那點，這不是一場競賽，你不是在和任何人競爭，那裡沒有任何時間表。

正念難學之處，其中之一在於它並不依靠任何感情或心理狀態。我們對禪修有些刻板印象，認爲禪修是一些行動緩慢的隱士在僻靜的洞穴裡所做的事。那些是訓練的情況，是爲了培養定力與學習正念的技巧。一旦你學會那個技巧之後，就可以免除這些訓練的限制，而事實上你也應該這麼做。你不需要像蝸牛一樣緩慢移動才能有正念，你甚至不需要平靜。你可以在解決高深微積分的問題時保持正念，也可以在足球纏鬥當中保持正念，你甚至可以在激憤中保持正念。心理與身體的活動不會對正念構成障礙，如果你發現你的心非常活躍，那麼只要觀察那個活動的本質與程度即可，那也只是內在無常表演的一部分而已。

注釋

①心一境性：「定」有七個名稱，這是其中一種說法，「定」因為有使心止住於一境的特性，所以有此名稱。請參見第二章注釋⑤。

②染著，由於貪愛等煩惱，心中有所染污與執著。

第十五章

日常生活中的禪修

每一位個音樂家都會練音階。當你剛開始學習彈琴時，那是你第一件要學的事，而且你永遠都不會停止玩音階。世上最好的鋼琴家照樣要練音階，那是一種基本技巧，不容許被荒廢。

每一位棒球選手都要練習打擊，那是你在少年棒球隊所學的第一件事。每一個世界錦標賽都從練習打擊開始，基本技巧應該一直保持良好。

坐禪不是遊戲，而是練習

坐禪是禪修者練習自身基礎技巧的舞台。禪修者所玩的遊戲是他自己的生命經驗，而所使用的器具則是他的感官。即使最有經驗的禪修者仍然持續練習坐禪，以藉此調整並磨練他玩特殊遊戲時，所需要的基本心理技巧。不過，我們永遠不應該忘記，坐禪本身並非遊戲，它只是練習。要運用那些基本技巧的遊戲是那個人其他的經驗世界。如果禪修無法被運用在日常生活中，那麼它就是既貧乏又受限了。

內觀禪修的目的不外乎徹底扭轉你的整個感覺與認知的經驗，亦即革新你的整個生命經驗。

內觀禪修的目的不外乎徹底扭轉你的整個感覺與認知的經驗，亦即革新你的整個生命經驗。坐禪的那些階段是為了培養新的心理習慣，你學習接受與了解感覺的新方式，並且開展對待意識思惟的新方法以及處理變動不羈新感情的模式。這些新的心理習慣應該被帶入你日後的生活中，否則禪修將會是枯燥且毫無益處的，只是理論的話，就無法和其餘事物連結。爲了連結兩者而做一些努力是必要的，某種程度的移轉會自然發生。不過那個過程是緩慢且不可信賴的，你很容易留給自己一事無成的感覺，而且還認爲那個過程沒有報酬而決定放棄它。

練習當個局外人

在你的禪修生涯中，最難忘的事件之一，就是當你第一次了解到自己正在最平常的活動中修禪。你正從高速公路開車下來，或者正要去倒垃圾，它自己就啓動了。這個未經計畫的技巧流露是一樁眞實的喜悅，那個技巧是我們以往一直細心培養的。它爲你開啓了一扇小小的未來之窗，你對於修行的意義有了驚鴻一瞥。那個可能性震撼著你，這個意識的轉變是可能成爲經驗的常態。你了解到，在接下來的生命中，你可以旁觀煩惱的擾攘喧囂，不必再受到渴求與貪欲的瘋狂追逐。你淺嘗法味，站在一旁觀看一切流逝而過，那是個奇妙的時刻。

你了解到，在接下來的生命中，你可以旁觀煩惱的擾攘喧囂，不必再受到渴求與貪欲的瘋狂追逐。

不過，那個洞見並不足夠，除非你積極尋求促進那個移轉的過程。禪修中最重要的時刻，是你離開坐墊的那一瞬間。結束禪坐後，你可以起身將一切抛在腦後，或者你可以把那些技巧帶進日常生活的其他活動中。

任何時候都可以修禪

了解禪修是什麼對你來說很重要，它不是特殊的姿勢，也不只是一套心靈體操。禪修是正念的開發，以及對於所開發出來的正念加以運用。你不一定要坐著修禪，你可以在洗盤子的時候修禪，也可以在洗澡、溜冰或寫信時修禪。禪修就是覺知，它必須被運用在所有的生命活動中，這並不容易。

我們喜歡透過在靜處坐禪來開發覺性，因爲那是最容易實踐的情況。在行動中，修禪比較困難；在快速嘈雜的活動中，修禪更難；在強烈以自我爲中心的活動，例如戀愛或爭辯中，修禪是最困難的挑戰。初學者幾乎只能從事最沒有壓力的活動。不過，修行的最高目標是：達到堅強的禪定與覺知層次，即使面對現代社會的生活壓力，仍然可以屹立不搖。生活中提供我們許多挑戰，認眞的禪修者永遠不會厭煩。

達到堅強的禪定與覺知層次，即使面對現代社會的生活壓力，仍然可以屹立不搖。

把禪修帶進你的日常生活中不是一個簡單的過程，試過你就會了解了。從結束禪坐到展開「眞實生活」，之間的過程是一次三級跳，對多數人而言，這個距離太長了。我們發現平靜與專注在幾分鐘內就消失殆盡，很快就又回到禪修前的狀態。爲了跨越這道鴻溝，佛教徒數百年來已經設計出一系列的練習方法，以便順利促成轉移。他們把那個跳躍分解成幾個小步，每一步都能單獨練習。

禪修，未必要坐著不動

我們的日常生活中充滿各種動作與活動，幾個小時端坐不動與平常的經驗是相互違背的。我們在絕對不動時所培養的清明與平靜，在一開始移動時很容易就消失了。我們需要一些過渡的練習，以便讓自己在動作中保持平靜與覺知的技巧。行禪幫助我們從靜止狀態轉移到日常生活。它是動中禪，經常與坐禪交替使用。行禪在你非常不安的時候尤其好用，一個小時的行禪經常能幫助你化解不安的能量，並且還帶來可觀的清明，讓你可以在接下來的坐禪中得到更大的利益。

行禪幫助我們從靜止狀態轉移到日常生活。它是動中禪，經常與坐禪交替使用。

標準的佛教修行建議你要經常閉關，以彌補平時坐禪的不足。閉關是用較長的時間專心投入修禪。一兩天的閉關比較常見於在家人，至於寺院裡一些經驗豐富的禪修者閉關一次可能就要好幾個月，除了禪修什麼事也不做。這樣的修行是嚴峻的，對於身心的要求都很高。除非你已經有好幾年的經驗，否則不適合這麼做，因爲得不到什麼好處。扎扎實實十個小時的坐姿，會令多數初學者痛苦不堪，痛苦的程度將壓過他們的定力。因此，一個有效益的閉關應該穿插姿勢的變換與移動，通常的形態是一段坐禪就安插一段行禪，各進行一個小時，中間短暫休息一下也很常見。

行禪需要一個隱蔽的場所，以及足夠的空間，至少要有五至十步的直線距離。你緩慢來回走動，在多數西方人眼裡看來，這是奇怪而且與日常生活脫節的舉動。這不是你會想在前院草坪進行的練習，那只會引來不必要的注意。因此，選擇一個隱蔽的地點。

關於身體的指導，很簡單，挑選一個不受障礙的地方，從某一端開始，以警覺的姿態站立一分鐘。手臂自然下垂，置於前方、後方或兩側。接著，在吸氣時，提起一隻腳的腳後跟，呼氣時，以腳趾點地。再一次吸氣時，抬起那隻腳來向前，呼氣時，放下腳接觸地面。另一隻腳也重複這個動作。然後，慢慢走到另一端，站立一分鐘，接著慢慢轉彎，在走回來之前，再站立一分鐘，然後再重複這整個過程。

練習自然地行走，別管好不好看

自然地行走，維持最慢的舒適步伐，不要注意你周遭的環境。

保持你的頭部抬正，頸部放鬆。張開眼睛以維持平衡，不過不要注視任何特別的東西。自然地行走，維持最慢的舒適步伐，不要注意你周遭的環境。小心別讓身體緊張，發現僵硬之後立即放鬆。不要爲了優雅而做特別的嘗試，不要試著讓自己好看。這不是體育練習或舞蹈，而是覺知的練習。你的目標是達到完全警覺、高度敏感，以及完整且毫無阻礙的走路經驗。把你的注意力全部放在腳部與腿部傳來的感覺上，試著盡可能記住每一隻腳移動時的訊息。全心投入純粹走路的感覺，注意動作之間的每一個微細差別。每一條肌肉移動時，注意它個別的感覺。當腳觸地與抬起時，感受每一個微小的觸感變化。

分解動作，開始！

注意這些看似平順的動作，其實是由一連串複雜的小晃動所組成，試著不要遺漏任何細節。爲了提升你的敏感度，可以把動作拆解成幾個不同的部分。每一隻腳都要經過抬高、懸空與踩踏的階段，而每一個部分也都又有初、中、後之分。爲了讓自己習慣這一連串動作的頻率，你可以從記下每一階段明確的心理記錄開始。

記下類似「抬高、懸空、放下、觸地、踩壓」等的心理記錄。這是爲了讓你熟悉動作順序，並且不會遺漏任何細節的訓練步驟。當你愈來愈覺知正在進行的各種微細事件時，就愈沒有時間去理會文字。你將發現自己沉浸在流

當你愈來愈覺知正在進行的各種微細事件時，就愈沒有時間去理會文字。

動無間的動作覺知上。腳將成爲你的全部世界，如果你的心跑開，像平常一樣注意那個分心，再把注意力拉回走路上。當你在做這些事時，不要看你的腳，也不要想像雙腿來回走動的心理畫面。不要思考，只要感覺。你不需要腿的概念與畫面，只要記下它們流過的感覺即可。開始時，你可能會有一些平衡上的困難。你正在以一種新的方式使用腿部肌肉，就學習的階段而言那是很自然的。如果挫折生起，只要注意它，再讓它離開。

內觀的走路技巧，是設計來讓你的意識充滿單純的覺知，徹底地做，以致其他事物都被排除在外。它沒有思惟的空間，自然也沒有感情的空間。它沒有時間執著，也沒有時間把行動化爲系列概念。它沒有自我的感覺，只有觸感與動感的伸展。我們在這裡學習走進眞實的世界，而非遠離它。我們此處獲得的任何洞見，都可以被直接用在其他的生活經驗上。

我們此處獲得的任何洞見，都可以被直接用在其他的生活經驗上。

對姿勢保持覺知，但不評斷

我們修行的目標，是在無間而即時的流動中，完全覺知經驗的一切面向。我們多數的行動與經驗，都是毫無意識的，以一種很少注意或不注意的感覺來進行。我們的心停留在其他事情上面。我們將大部分時間花在機械式的反應上，迷失在白日夢與成見的迷霧中。

最常被忽略的存在面向之一，是我們的身體。我們腦袋裡色彩鮮明的連環漫畫是如此誘人，注意力因此很容易從動感與觸感中移開。身體的訊息每一秒鐘都流入我們的神經與腦袋，但是大部分都被封鎖在意識之外。它流進心的底層後，就無法再進一步了。佛教徒已經開發出一種方法來打開水閘門，讓它能流進意識裡。這是另一個讓無意識變成意識的方法。

你的身體在一天之中經歷各種姿勢：或坐或站，或走或躺，或者彎腰、跑步和爬行。禪師們要求你對這個持續進行的舞動保持覺知。在生活裡，每隔幾分鐘就花個幾秒鐘檢查你的姿勢。不要以一種批判的方式去做它，這不是矯正姿勢或改善外觀的練習。把注意力掃視全身，去感覺你是如何持有它。默默記下「走」、「坐」、「躺」或者是「站」。聽起來似乎很簡單，不過不要輕視這個步驟，這是一種強而有力的練習。如果你做得夠徹底，如果你注入這個心理習慣夠深，它就會徹底革新你的經驗，把你帶到一個全新的感覺領域，那個感覺就像盲人重見光明一樣。

在生活裡，每隔幾分鐘就花個幾秒鐘檢查你的姿勢。不要以一種批判的方式去做它，這不是矯正姿勢或改善外觀的練習。

放慢動作，可以提升正念

你所做的每一項活動都是由不同的成分所組成，像綁鞋帶這麼簡單的動作，就是由許多微細動作構成的複雜行爲，然而，這些細節多半沒有被注意到。爲了提升正念，你可以放慢速度，做簡單的活動，例如努力集中注意力在動作的微細差別上。

坐在吧台上喝一杯茶就是一個例子，從這件事，你就可以經驗到很多。你的姿勢是坐著，感覺杯子握在手指之間，聞茶的香氣，注意杯子、茶、你的手臂與桌子的擺位。注意舉起手臂的心理動機，當它舉起來時感覺你的手臂，感覺杯子碰觸嘴唇以及液體流進嘴裡的那些時刻。品味茶，接著注意放下手臂的心理動機。如果你完全參與其中，以不執著的態度去注意每一個感受、思惟與情感的流動，那麼這整個過程將會引人入勝而且十分美好。

如果你完全參與其中，以不執著的態度去注意每一個感受、思想與情感的流動，那麼這整個過程將會引人入勝而且十分美好。

同樣的方法也可以運用在你許多的生活舉止中。刻意放慢你的思惟、語言以及動作的速度，讓你能比以往更深入其中，你將發現那裡充滿驚奇。一開始要在平常的活動中保持這種從容不迫的慢速度很困難，不過技巧會隨著練習而進步。深奧的覺悟在坐禪時會發生，不過當我們眞的在日常生活中檢視自身的動作時，深奧的啓示也會發生。當我們眞的放慢速度時，感情機制與激情活動都將無所遁形，你可以清楚地觀察它們，就像在實驗室裡一樣。在這裡，我們可以衡量思想的可信度，並且了解眞實動機與自欺欺人的僞裝二者之間的差異。

你將會發現這個訊息有很多令人驚異之處，雖然有些會造成干擾，不過它們全部都是有用的。毫無遮蔽的注意力爲內心凌亂的小角落帶來秩序，在日常活動中若能達到正念正知，你就能夠維持理性與平靜，不會陷入習慣性的心靈死角。你開始了解你對自己內心痛苦所應負的責任，你了解到，所有的苦難、恐懼與壓力都是你自找的。你了解你是如何造成痛苦、缺點與限制。愈深入了解這些心理過程，它們就愈無法控制你。

在日常活動中若能達到正念正知，你就能夠維持理性與平靜，不會陷入習慣性的心靈死角。

隨時隨地注意呼吸

坐禪時，主要的焦點是呼吸。完全專注在不斷變化的呼吸上，能夠讓我們活在當下。同樣的原則也適用在活動中，你可以在從事活動時注意呼吸，這會爲你的動作帶來流暢的韻律，減緩許多唐突的變化。不只讓你更容易將焦點放在行動上，正念也會增長，你的覺知也將因此更容易停留在當下。原則上，禪修應該是一天二十四小時都在練習的，這是一個非常實際的建議。

正念的狀態是一個做好心理準備的狀態。心沒有背負成見，或陷在憂慮中。當你眞的保持正念時，神經系統便具有產生智慧的朝氣與彈性。一個問題生起，你只是單純地處理它，快速而有效率，不會慌亂。你不會站在那裡手足無措，也不會躲到安靜的角落去，以便能坐下來對它禪修。你只是處理它，在少數看似無解的情況下，你也不會擔心。你只是進到下一件需要你注意的事，你的直觀能力變成一種非常實際的技能。

把握每一段零碎的時間保持正念

浪費時間的概念對一個認真的禪修者而言根本不存在。

浪費時間的概念對一個認眞的禪修者而言根本不存在。一天之中的許多空檔也能轉成有益的，所有零碎的時間都可以拿來禪修。焦慮地坐在牙醫辦公室時，就針對焦慮禪修；在銀行排隊感到煩躁時，就針對煩躁禪修；在公車站牌無聊地玩弄拇指時，就針對無聊禪修。試著一整天都保持警醒與覺知，注意當下正在發生的事，即使它單調沉悶也一樣。善用獨處的時間，並且善用機械化的制式活動。把握每一段零碎的時間保持正念，善用一切你能使用的時間。

專注於一切活動

一天裡的每一個活動與想法，從醒來的第一個念頭，到就寢前的最後一個想法，你都應該儘量保持正念。這是一個非常高遠的目標，不要期待一蹴可幾。慢慢來，讓你的能力與日俱增。最可行的方法是把一天分成幾段，把一些時間放在姿勢的正念上，再把這個正念延伸到其他簡單的活動，例如吃飯、洗滌與穿衣上。有時候在一天當中，可以撥出十五分鐘左右，練習觀察幾種特定的心理狀態，例如喜歡、討厭、不喜歡也不討厭的感覺，或者五蓋與其他的思惟。由你來設定具體的程序，重點是練習認出各個項目，並且儘量在一天裡都完全保持正念。

試著達到一種生活習慣，讓坐禪與其他經驗的差別降到最低，讓它們彼此自然交融。你的身體永遠無法靜止，因此，總是可以觀察到動作，或者至少還會有呼吸。你的心永遠不會停止嘮叨，除非在最深層的禪定中，否則總會有東西可以觀察。如果你認眞運用你的禪修，就永遠不乏值得注意的事物。

將禪修應用在生活之中

你的禪修應該要應用在日常生活中。生活中的禪修，是你的心靈實驗室，它提供你需要的磨練與挑戰，使你的修行更深入而眞實。它是淨化詭計之火，是測試境界的試紙，它讓你了解當下的情況與你所在的位置。如果你的禪修無法幫助你處理每天的衝突與難題，那麼它就是狹隘的。如果你每天的情緒反應沒有變得更清楚與容易掌控，

如果你的禪修無法幫助你處理每天的衝突與難題，那麼它就是狹隘的。

那麼你就是在浪費時間。你永遠不知道你做得如何，要實際測試過之後才知道。

正念的修行是一種普遍的修行，你不應該在做過之後，就把它拋到一旁。你隨時都在做它，象牙塔裡的禪修是不夠的，仍然有待進一步開發。內觀禪修是正念相續的練習，禪修者學習對心中一切現象的出生、成長與衰敗保持正念正知。對所有思惟與感情、活動與欲望的整個演出，既不逃避，也不改變，只是持續注意它，無論它是可愛、討厭、美好或可恥的，都無所謂。他看著它本來的樣子，以及它改變的樣子。沒有任何經驗的層面被排除在外，它是一個相當徹底的過程。

如果你在日常活動中發現自己處於一種無聊的狀態，那時就針對你的無聊禪修。

如果你在日常活動中發現自己處於一種無聊的狀態，那時就針對你的無聊禪修。找出它是什麼感覺，怎麼樣運作，以及它是由什麼所組成。如果你在氣頭上，就針對你的怒氣禪修。發現怒氣的機制，不要閃躲。當你發現自己陷入沮喪的深淵時，針對那個沮喪禪修，以一種客觀與好奇的方式去研究沮喪，不要盲目地逃避它。找出迷宮，並記下它的路線，如此一來，當下一次沮喪出現時，你就能處理得更好。

每一秒鐘都敞開內心

透過生活的起伏來進行禪修，這是內觀的要點。這種練習很嚴峻，也很吃力，不過它會造成一種無與倫比的心理韌度。禪修者每一秒鐘都保持內心開放，他一直在研究生活，檢視他自己的經驗，以一種客觀與好奇的方式看待生命。因此，他一直不拘泥於形式、對象與時間，而是對實相開放。這是解脫所需要的心態。

如果一個人的心保持在一種做好禪修準備的狀態，他就可以在任何時刻達到覺悟。最微細與最平常的認知都可能成爲引爆點：月景、鳥叫，或者是樹林裡的風聲。認知到什麼，不如注意那個認知重要，準備好開放的心態才是重點。如果你準備好，它馬上就可能發生。你手指碰到這本書的觸感可能就是線索，這些文字在你腦中的聲音可能也已經足夠。如果你準備好了，你現在就可以達到覺悟。

第十六章

它帶給你什麼？

你可以期待從禪修中獲得某些助益。最初是實際的事物，以後的階段則更深奧，是超越實際功能的。它們從簡單到深奧都有。我們在這裡會提出一些，你自己的運作會告訴你事實，只有你自己的經驗才算數。

那些我們稱爲五蓋或煩惱的事，不只是令人討厭的心理習慣而已，它們是自我過程本身的示現。自我感本身基本上是一種疏離的感覺，介於「我」和「他」之間的認知距離。這個認知只有在它經常被運作時才會發生，而那個運作則是由五蓋所構成。

正念好比是反射動作

貪心與欲望試圖爲我「得到一些東西」，瞋恨與厭惡則試圖拉開「我與他」的距離。一切煩惱都由自他之間的認知障礙而產生，每一次它們開始運作時，就會更加深這個認知。正念深入且非常清楚地覺知事物，能把注意力帶到煩惱的根部，讓它們的機制暴露出來。正念了解它們對我們造成的後果與影響。正念不會被愚弄，一旦你看清楚貪心的眞面目，以及它對你和其他人做了什麼，你自然就不會再執著它。當一個小孩被熱爐子燙到手，你不用告訴他要把手縮回去，他自然會去做，而且是不假思索與判斷。神經系統會自動做出反射動作，反應的速度比思考還

正念深入且非常清楚地覺知事物，能把注意力帶到煩惱的根部，讓它們的機制暴露出來。

快。當孩子感知到燙並開始哭的時候，手已經快速抽離疼痛的源頭。正念運作的方式與此類似：它是無言、自發與高效率的。清晰的正念遏止了五蓋的成長，持續的正念則會將它們熄滅。因此，當眞實的正念被建立起來時，自我的牆就會瓦解。渴愛減少了，防禦與固執也變小了，你變得更開放，更能接受，也更有彈性。你學會了與他人分享你的慈心。

清晰的正念遏止了五蓋的成長，持續的正念則會將它們熄滅。

正念去除你的五蓋，讓生命鮮活起來

在傳統上，佛教徒不太願意談有關人的眞實本性，而那些願意談論的人通常都說，我們的眞實本性或佛性是清淨、神聖與本善的。人之所以會迷失，是因為他們眞心的經驗被障蔽了，就像水壩裡的水被堵住了一樣。五蓋就是建設那個水壩的磚塊，當正念分解磚塊時，水壩就出現了破洞，慈悲與同情的喜悅就汩汩流出。當禪修的正念發展出來時，你的整個生活經驗都會改變。你的經驗變得鮮活起來，意識的感覺也變得清晰而明確，不再只是做為不知不覺的成見背景，它成為持續被認知的事。

每一個消逝的時刻都獨立而鮮明，這些時刻不再被含混地漠視。沒有東西是被掩蓋起來或者視為理所當然的，沒有經驗被貼上「普通」的標籤。每件事看起來都明亮而特別，你不再把經驗分門別類放進心靈鴿洞裡。描述與詮釋都被擺在一邊，每一個時刻都被允許替它自己發言。你實際聆聽它到底說些什麼，就像是第一次聽見它一樣。當你的禪修變得眞實而有力時，它也會變得更持久。你持續以正念正知觀察呼吸與每一個心理現象，你感到愈來愈穩定，心愈來愈牢固地停泊在完全而單純的當下經驗上。

正念讓你不受限

一旦你的心不再受到思惟的限制，就會變得比較清醒，依止在一個最單純的覺知上。這個覺知無法被充分描述，言語難以形容，只能去體會。呼吸不再只是呼吸，也不再受限於你過去所持有的靜止與熟悉的概念。你不再只是將它視爲連續的吸氣與呼氣——一個不重要的單調經驗。呼吸變成一個活潑與變化的過程，是活躍而迷人的事。它不再是發生在時間上的事，而被認爲當下的時刻本身。時間被認爲是一種概念，而非被經驗到的事實。

呼吸變成一個活潑與變化的過程，是活躍而迷人的事。

這是一種簡化與初步的覺知，去除一切無關的細節。它建立在當下活潑流動的基礎上，以顯著的實相感覺爲其特色。你完全了解這是眞實的，你有一個新的優勢據點，一個據以衡量你一切經驗的新標準。在這個認知之後，你清楚了解那些覺醒的時刻，以及那些迷惘的時刻。你看見自己正在以判斷、印象與個人意見扭曲實相。你了解自己正在做什麼，以及何時在做它。對於遺失實相的方式，你愈來愈敏感，並被吸引向簡單客觀的觀點：既不增添，也不刪減。你變成一個非常敏銳的人。從這個優勢據點看出去，一切都看得一清二楚。身與心的無數活動發出閃耀的光芒，你以正念觀察呼吸持續不斷的起伏，你看到一個無盡的身體感受與運動之流，並且感覺到時間穩定前進的節奏。在這一切不停的運動之中，沒有觀看的人，只有觀看本身存在。

面對生命無常，我們以喜悅代替悲傷

在這個認知的狀態，沒有一樣事物可以在兩個相續的時刻維持相同。每一件看到的事都在持續轉變。所有事物都脫離不了出生、變老與死亡，無一例外。你覺知到自己的生命不停的在變化，你環顧四周，看見一切事物都在流動，一切、一切、一切的事物。它一直在生起與落下、增強與減少、出生與消逝。生命裡的一切，從極微細到大到太平洋，每一部分都在持續地變動。你覺察到這個世間就像一條流動的經驗大河。你最鍾愛的財物在流逝，你的生命也是一樣，但是沒有理由要為這個無常感到悲傷。你站在那裡愣住了，瞧著這不停奔流的活動，你的反應是一種

瞧著這不停奔流的活動，你的反應是一種驚奇的喜悅。一切都在騰移、舞動，並充滿了生命。

驚奇的喜悅。一切都在騰移、舞動，並充滿了生命。

一再看見內心的自己

當你持續觀察這些改變時，你了解到一切因緣是如何聚在一起的，也覺察到一切心理、感覺與感情之間緊密的連結。你看見一個思惟引發另一個，你看見破壞所引起的感情反應，以及感覺所引發更多的思惟。活動、思惟、感覺與欲望，你看見一切都以一種微妙的因果關係，緊密地結合在一起。你看見歡樂的經驗生起又落下，也看見它們從來都不持久；你看見痛苦不請自來，也看見自己急著想把它拋開；你看見自己失敗。當你靜靜地站在一旁看著它運作時，一切都在反覆地發生。

活動、思惟、感覺與欲望，你看見一切都以一種微妙的因果關係，緊密地結合在一起。

從這個生活本身的實驗中，一個內在與無懈可擊的結論自己跳了出來。你看到你的生命標示著失望與挫折，並且清楚地看到其源起何處。這些反應來自於你沒有能力得到自己想要的東西，又害怕失去已經得到的，以及對於擁有的永遠無法感到滿足的習慣。這些都不再只是理論性的概念，你已經親眼看見它們，並且知道它們是眞實的。你察覺自己的恐懼，以及面對死亡時的不安。那是一種源自於思惟根部的深刻壓力，讓生命變得很難受。你看見自己焦慮地摸索，恐懼地追求堅實與值得信賴的基礎。你看見自己無止盡地執著某些東西，任何在這些變動沙層中可以抓得住的事物，然而你覺知到什麼也掌握不住，沒有東西是不變的。

你看見失落與悲傷的痛苦，也看見自己在平常經驗中，日復一日被迫去適應痛苦的發展。你目擊日常生活中潛藏的壓力與衝突，並且了解你眞正關心的許多事物是多麼的膚淺。你看見痛苦、疾病、衰老與死亡的進展。你驚訝地學習到，這些恐怖的事情根本一點也不可怕，它們只是實相而已。透過對於負面生命的透徹研究，你逐漸熟悉苦（dukkha），一切存在不圓滿的本質。你開始覺察人生各種層次的苦，從最明顯的到最微細的。你了解執著與痛苦的因果關係，當你執著於任何事物時，痛苦亦必尾隨而至。一旦你完全熟悉欲望的驅力，就會對它更加敏感。你了解它從哪裡生起，何時生起，以及它如何影響著你。你看見它反覆操作，透過每一個感官管道表現出來，控制心並讓意識成爲它的奴隸。

你驚訝地學習到，這些恐怖的事情根本一點也不可怕，它們只是實相而已。

「我」究竟是誰？

在每一次歡樂的經驗中，你看見自己生起渴愛與執著；在討厭的經驗中，你看見自己強力的抗拒。然而，你並不防堵這些現象，你只是看著它們，了解它們是人類的思惟素材。你尋找那個被你稱爲「我」的東西，結果發現的是一具軀體，以及你如何將這副皮囊認同爲「我」。進一步再找，你發現了各種心理現象，例如感情、思惟模式與種種意見，而且也看見你如何將它們認同爲「我」。你看見自己多麼想擁有、保護以及防衛這些可鄙的事情，也看見了那有多麼瘋狂。你在各種項目之間熱切地搜尋，一直在找尋自己，從物質、感受、感覺、情感，等方面下手，當你盯著角落與縫隙眼巴巴地瞧，無止盡地追求「我」時，一切都在持續轉個不停。

體會生命中的無常、苦與無我……

你找不到任何東西。在這個不斷變化的無盡經驗之流的心靈集合中，你能找到的只有數不盡的客觀過程，而那也是延續前面過程的因緣而來。沒有固定的自我可以被發現，一切都只是過程。你發現思惟，但是沒有思惟的人；你發現感情與欲望，但是沒有執行的人。房子本身是空的，沒有人在家。

你發現思惟，但是沒有思惟的人；你發現感情與欲望，但是沒有執行的人。

你的整個自我觀點至此徹底改變，你開始看待自己就像報紙上的相片一樣。以肉眼看時，看到的相片上有一個明確的形象；但是透過放大鏡看時，它卻分解成複雜的點狀結構。同樣地，在正念的透視下，自我的感覺，一個

「我」或「人」的東西，失去了它的堅硬實體，並且分解開來。你進入內觀禪修的關鍵，存在的三個特徵，無常、苦與無我，在概念枯竭時出現眼前。你清楚地體會到生命的無常、人間苦的本質，以及無我的實相。如此鮮明地經歷這些事之後，讓你驚覺到渴愛、執著與抗拒的虛假與無益。在這個清明與純淨的關鍵時刻，我們的意識被轉化。自我消失了，只剩下無限相關的無我現象，那是因緣所生而且是無常的。渴愛被熄滅，重擔也解除了。只剩下一種輕鬆的流動，沒有抗拒或壓力的痕跡。唯有留下寂滅、涅槃和無生①的覺悟。

①無生，又寫成無起。指諸法（一切現象）的實相沒有生起，也沒有消失，與「無生滅」或「無生無滅」意思相同。所有存在的一切現象沒有實體，是空；既然是空，也就無生滅變化可言。但是世間的凡夫俗子無法了解這個無生的道理，而有了生與滅的煩惱，所以流轉生死，如果能依照諸經論，觀「無生」的道理，就可以破除生滅的煩惱了。

後記

慈心的力量

本書中所討論的修習正念的方法，如果你把它們拿來使用，絕對可以轉化你的每一個經驗。在這本新版的後記中，我希望花些時間強調另一個和正念並駕齊驅的重要觀點：慈心（metta）。沒有慈心，我們修行正念將永遠無法突破渴愛，以及堅固的自我感。反過來說，正念也是發展慈心必須有的基礎，兩者永遠攜手並進。

從本書問世以來的十年之間，世上發生了許多令人感到不安與恐懼的事。在這種擾攘不安的氣氛下，爲了我們自己的福祉，開發深切的慈心就顯得格外重要，它是未來世界的希望所在。慈心中的利他精神是佛陀強調的修行心要，這在他的教導與生活中處處可見。

讓慈悲的種子發芽

我們每一個人生來就有慈悲的能力，不過只有在一個平靜的心中，一個遠離貪、瞋與嫉妒的心中，慈悲的種子才可能發芽；只有在靜心的沃土上，慈悲才可能開花。我們一定要培育自己與他人心中的慈悲種子，幫助它們生根與茁壯。

我們一定要培育自己與他人心中的慈悲種子，幫助它們生根與茁壯。

我到世界各地傳法，所以有很多時間是花在機場上。有一天我在倫敦附近的蓋特維克（Gatwick）機場候機，我有很多時間，對我而言，時間多不是問題。事實上，那是令人高興的事，這表示有更多禪修的機會！我閉上眼，盤腿坐在機場的長椅上，當時身邊人來人往，趕著上下班機。在這樣的情況下禪修，我對周遭每一個人都充滿慈悲的心念，我試著讓自己整個人都沉浸在慈悲的光輝中。

在這樣的情況下禪修，我對周遭每一個人都充滿慈悲的心念，我試著讓自己整個人都沉浸在慈悲的光輝中。

我們之間有緊密的連繫

在那個忙碌的機場，專注於慈悲的感覺上，我沒有在意身邊的擾攘。但是很快地，我感覺到長椅上有人坐得靠我很近，我沒有睜開眼睛，只是繼續我的禪修：散放慈心。接著，我感覺到兩隻柔嫩的小手抱住我的脖子，我緩慢睜開眼睛，看到一個漂亮的小孩，一個大約兩歲的小女孩。這個小東西，有一對明亮澄澈的藍眼珠，一頭捲曲的金髮，正用手臂環抱著我。先前我在觀察人潮時，曾經看過這個可愛的小孩，當時她的手緊抓著母親的小指頭。顯然，這個小女孩放開媽媽的手，跑來我這裡。

我看到她的母親已經追上來，當她看見小女孩抱住我的脖子時，這個母親請求我：「請祝福我的小孩，再並讓她回來。」我不知道小女孩說什麼語言，於是我用英語對她說：「回去吧！妳的媽媽那裡有很多親親、很多擁抱、很多玩具和糖果，我這裡什麼也沒有，回去吧！」這個小孩還是緊緊抱著我的脖子不肯走。這個母親再一次雙手合十，以柔和的語調請求我：「先生，請祝福這個小孩，並讓她回來我這兒。」

這時候，機場裡其他的人開始注意我們，他們一定以爲我認識這個小孩，也許她和我有什麼關係。他們當然認爲我們之間有一些緊密的連繫，否則小女孩怎麼會抱著我不放？但是我以前從來沒看過這個可愛的小孩，我甚至不知道她講哪一種語言。再一次，我勸她：「去吧！妳和媽媽還要去搭飛機，妳們快遲到了。妳媽媽那裡有妳喜歡的各種玩具與糖果，我什麼都沒有，去吧！」但是小女孩還是不肯放手，反而更抱緊了我。這位母親很溫柔地把她的小手扳離我的脖子，並請我祝福她。

他們當然認為我們之間有一些緊密的連繫，否則小女孩怎麼會抱著我不放？

「妳是個可愛的小女孩，」我說：「妳的媽媽很愛妳，快去！不然就趕不上飛機了。」

但是這個小女孩還是不肯走，她開始不停哭泣。最後，她媽媽小心地把她抱起來，這個小東西便踢腿、尖叫，想要掙脫她母親的懷抱，重回我的身邊。但是這次，這位母親設法將她帶上了飛機。我最後看到她時，她仍然在掙扎著，想要重新回到我的身邊。

也許是因爲我的長袍，讓這個小女孩以爲我是聖誕老公公，或某個神話故事裡的人物。不過還有另一種可能，當我坐在長椅上時，我正在修慈心，隨著每一次呼吸送出慈悲的心念。也許這個小女孩感受到了，小孩子在這方面是最敏感的，他們的心會接收到任何周遭的感覺。當你憤怒時，他們會感受到那些波動；當你充滿慈悲時，他們也感受得到。這個小女孩也許是被她所感受到的慈愛的感覺吸引過來。我們之間確實有一個連繫，一個慈心的連繫。

小孩子在這方面是最敏感的，他們的心會接收到任何周遭的感覺。

了解慈、悲、喜、捨的真諦

慈心帶來奇蹟。我們都有表現慈心的能力，但是可能連我們都不知道自己有這個能力，不過慈的力量就蘊藏在我們每一個人心裡。慈是佛陀所說的四無量心之一，另三支分別是悲、喜、捨。這四支彼此相關，不可偏廢。

了解它們的方式之一，是設想父母的心態。當一個年輕女人發現自己懷孕時，對肚子裡的孩子便充滿無盡的愛。爲了保護她的小寶寶，她願意做任何犧牲，盡一切努力讓嬰兒平安與健康。她對嬰兒滿懷愛意與希望。這個年輕母親對孩子無盡的愛就像慈心一樣，是不求回報的。

當嬰兒長大，開始認識這個世界時，父母親則同步發展悲心。每一次，小孩膝蓋不小心刮傷、跌倒，或者是撞到頭時，父母親都會感受到孩子的痛楚。有些父母親甚至說當他們的孩子喊疼時，那種感覺就像是他們自己受傷一樣。在這種感覺裡沒有憐憫的成分，憐憫在自他之間是有距離的，悲心則直接引導我們做出反應。這個悲心的直接反應是單純而衷心地希望孩子停止疼痛，不再受苦。

隨著年歲增長，孩子上學了。父母看著年輕人交朋友，在學業、體育與其他活動上表現良好，也許孩子在拼字測驗、加入棒球隊或當選班長等等這些事情上表現傑出。父母親不會嫉妒或討厭孩子成功，相反地，他們爲孩子感到高興，這是由衷讚賞的喜悅。我們可以將這樣的感覺轉移到別人身上，即使別人比我們成功，我們也可以讚賞他們的成就，爲他們感到由衷歡喜。

繼續談我們的例子。終於，在多年以後，孩子長大了，畢業之後走他自己的路，也許還結婚成家。現在，該是父母親練習「捨」的時候了。顯然地，父母親對孩子的感覺絕非冷漠，而是對他們的付出感到釋然。父母親坦承自己的限制，雖然持續關懷與尊重他們的孩子，不過已經自知他們無法主導孩子的未來，這就是「捨」的練習。

我們禪修的最高目的，就是開發慈、悲、喜、捨這四無量心。

我們禪修的最高目的，就是開發慈、悲、喜、捨這四無量心。

慈心就像太陽一樣

慈的巴利文是 metta，它源自另一個巴利文 mitra，意思是「朋友」。這就是爲什麼我喜歡在英文裡用「loving

friendliness」這個詞來翻譯metta這個字。mitra這個字在梵文裡也有太陽在太陽系中心輻射，以照養萬物的意思。就像太陽光提供一切生命能量一樣，慈的溫暖與光輝也在一切生命的心裡流動。

就像太陽光提供一切生命能量一樣，慈的溫暖與光輝也在一切生命的心裡流動。

慈心的種子在我們每個人心中

不同的物體用不同的方式反射太陽能量，同樣地，人們表現慈的能力也不一樣。有些人似乎天生就很熱心，有些人則比較保守，不願意敞開心胸。有些人勉強地開發慈心，有些人則能毫不費力地開發它。不過無論如何，沒有一個人完全沒有慈心，我們生來就有慈的本能。我們可以從小嬰兒看到另一個人的臉，任何一個人的臉時都會自然地微笑看出來。可惜，許多人對於他們擁有多少慈心毫無概念。他們固有的慈悲能力，可能被此生或累世所累積的瞋恨與厭惡所掩蓋，而表現出惡念與惡行。但是我們所有人無論如何都可以開發我們的心，可以努力滋養慈的種子，直到慈的力量綻放爲止。

在佛陀的那個時代裡，有一個名爲央掘摩羅（Aṇgulimāla，意譯爲指鬘）的人，這個人用現代的話來說就是連續殺人魔。他邪惡到將人殺死後，還砍下他們的手指做成項鍊，並計畫以佛陀做爲他的第一千名受害者。儘管央掘摩羅惡名遠播、兇狠無比，佛陀卻仍能看出他的潛在慈心。就這樣，出於慈悲——也就是他自己的慈心，佛陀教導這個兇手佛法。在佛陀的開導下，央掘摩羅放下殺人的劍，臣服於他，並且剃度出家，成爲佛陀的弟子。

後來大家才知道，央掘摩羅是在他所尊敬的老師慫恿之下（出自於這名老師個人邪惡的動機），才犯下如此惡行。央掘摩羅不是生來就如此殘暴，他也不是一個邪惡的人。事實上，他曾經是個善良的小孩，他的心中也有慈愛、和善與悲憫。在他跟隨佛陀出家之後，他那個善良的本性就顯露出來，不久之後，他就覺悟了。

事實上，他曾經是個善良的小孩，他的心中也有慈愛、和善與悲憫。

央掘摩羅的故事告訴我們，有時候一個人看起來十分殘酷和邪惡，不過我們應該了解他們不是天生如此，或許是他們的生活環境與背景讓他們做出邪惡的行爲。在央掘摩羅的例子中，他是因爲信賴老師而殺人。對我們每一個人來說，不只是粗暴的罪行，每一件事都有著數不清的因緣條件——善與惡都有。

除了前面第九章提過的修慈方法之外，我這裡再提供另一個修慈的方法。再一次地，你從消除自怨與自責的想法開始。禪修的時候，對自己說下面的話，並且再一次用心去感受：

願我充滿慈、悲、喜、捨的心念。願我和善，願我放鬆，願我喜悅與平靜。願我健康，願我的心變柔軟，願我的話語讓人歡喜，願我的行爲親切。

願一切我見到、聽到、嗅到、嘗到與觸到的事物，幫助我發展慈、悲、喜、捨。願這些經驗都能幫助我開發布施與和善之心。願它們幫助我放鬆，願它們激發出友善的行爲，願這些經驗成爲平靜與快樂的源頭。願它們幫助我解脫恐懼、緊張、焦慮、擔憂與不安。

無論到世界任何地方，願我以快樂、平靜與友善之心待人。願我在各方面都得到庇護，免於受到貪心、憤怒、厭惡、仇恨、嫉妒與恐懼的壓迫。

當我們開發出自己的慈心時，我們就能推知別人也有這種親切和善的本質，無論它們隱藏得多深。有時候我們必須挖深一點才能發現，其他時候，它都是很接近表面。

當我們開發出自己的慈心時，我們就能推知別人也有這種親切和善的本質，無論它們隱藏得多深。

看穿假象

佛陀講過一個故事。一個比丘發現路上有一塊骯髒的布，那塊破布很噁心，起初這個比丘根本不想碰它，他用腳踢踢那塊布，以便踢掉上面的塵土。接著，他用兩根手指頭，以憎惡的態度，小心地把布夾起來，並鄙夷地讓它離自己遠一點。不過當這名比丘這麼做時，他瞥見那塊破布潛在的一面，於是他把布拿回家一再清洗。最後，洗布的水變乾淨了，隱藏在穢物與泥沙之下的那塊布顯露出來，成爲一塊有用的布料。這名比丘想到，如果再多蒐集一點，也許就能把這塊破布做成一件衣服。

同樣地，一個人可能因爲言語低俗而遭到鄙視，他慈悲的潛力因此而被忽略。不過這正是精進修行的好機會，在這個人粗鄙的外表下，你可能會發現溫暖而明亮的珍寶，那才是這個人眞實的本質。

在這個人粗鄙的外表下，你可能會發現溫暖而明亮的珍寶，那才是這個人真實的本質。

忽略他表面的缺點，就能發現他內在的善心

有時候，一個人可能一邊對別人說嚴厲的話，一邊卻仍會表現出慈悲心。如果不管他說的話，他的行爲可能是善的。佛陀將這種人比喻爲被苔蘚覆蓋的池塘。爲了使用那個水，你必須先清除苔蘚。同樣地，我們有時候也必須先忽略那個人表面的缺點，而去發現他內在的善心。

但是如果一個人的行爲和他的話一樣惡劣呢？如果他壞到骨子裡去呢？即使像這樣的人也有一顆純淨的心。想像你走過一個沙漠，身邊沒有帶水，四周也都沒有水。你又熱又累，每走一步就更覺口渴，你渴望水。接著你偶然看到牛的足印，凹下的足印裡有水，但是並不多，因爲足印並不太深。如果你試圖用手舀水，它會變得很混濁。你是如此口渴，因此你跪在地上，彎下身體，慢慢把嘴巴湊

向水邊吸吮，很緩慢地，這樣才不會攪起泥水。雖然四周都是泥沙，但是那一小撮水仍然是清淨的，可以令你解渴。以同樣的努力，我們也可以在一個似乎毫無慚愧心的人身上看見一顆善心。

以同樣的努力，我們也可以在一個似乎毫無慚愧心的人身上看見一顆善心。

我最常去指導的禪修中心，是位於西維吉尼亞郊區的山上。當中心初次啓用時，在這條路上有一個人很不友善。我每天都要走很長的路，每一次看見這個人時，我都會向他揮手。他都只是皺皺眉頭，然後就把臉轉開。即使如此，我還是一直向他揮手，善意地理解他，並向他傳送慈心。我並沒有被他的態度影響，也從來沒有放棄過他。每一次看見他，我就揮手。過了大約一年，他的行爲改變了，他不再皺眉，我覺得太棒了，修行慈心已經初步見到成效。

他對我舉起一根手指頭

又過了一年，當我走路經過時，奇妙的事情發生了，他從方向盤上舉起一根手指。再一次地，我想：「噢！這眞是太棒了！慈心動了。」然後又過了一年，日復一日，我都向他揮手並祝福他。第三年，他朝我舉起兩根手指。接著，翌年，他從方向盤上舉起四根手指。又過了一段時間，在我走下山路時，他正好開車上來，他把整隻手拿開方向盤，伸出窗外向我揮手回敬。

在那不久之後的某一天，我看到這個人把車停在山路邊，坐在駕駛座上抽煙。我走過去，然後我們開始交談。一開始，只是閒聊天氣如何，然後慢慢地，他的故事展開了。好幾年前，他出過一次嚴重的意外，一棵樹倒下來壓住他的卡車，他身上的每一根骨頭幾乎都斷了，並且昏迷了好一陣子。當我第一次看到他時，他才正在康復。他並非吝於向我揮手回敬，而是因爲手指完全動彈不得！如果我當時放棄他，我就永遠無法知道這個人有多好。有一次，我外出旅行時，他來到中心找我。他有點擔心，因爲有一陣子他沒有看到我在路上走。現在我們是朋友。

先對自己修慈

佛陀說：「我用心觀察這個世間，還沒有看過愛他人甚過愛自己的人，因此一個愛自己的人應該修這個慈心。」一開始先對你自己修慈，心存與人分享善念的想法。培養這種感覺，對你自己充滿仁慈，接受你自己眞實的樣子。與你的缺失和平共處，包容你的弱點，善待並寬恕當下的自己。如果求好心切的想法出現，放下它們。爲這些善意與仁慈的感覺建立厚實的基礎。讓慈愛的力量浸透你的身心，在它的溫暖與光明中放鬆自己。把這個感覺

與你的缺失和平共處，包容你的弱點，善待並寬恕當下的自己。

延伸到你所愛的人，以及不熟或不認識的人，乃至你的敵人身上。

讓我們每一個人都想像自己的心沒有貪欲、瞋恚、厭惡、嫉妒與恐懼。讓慈愛的心念擁抱我們，包圍我們。讓每一個細胞、每一滴血、每一個原子，以及整體身心的每一個元素都充滿慈愛。讓我們放鬆自己的身體，讓我們放鬆自己的心，讓我們的身心都充滿慈愛。讓慈愛的祥和與平靜遍布我們的生命。

願十方世界一切眾生，都有善心。願他們快樂，願他們都有好運，願他們都仁慈，願他們都有善良與體貼的朋友。願十方一切眾生都充滿慈愛的感覺，豐足、欣喜與無限。願他們都沒有敵人，遠離苦惱與焦慮。願他們快樂地生活。

就像我們藉由走路、跑步或游泳來鍛鍊身體一樣，經常修慈也能強化我們的心。起初你似乎只是照本宣科，但是反覆練習與熟悉之後，它會變成一種習慣，一種好習慣。一段時間之後，你的心變強壯了，慈愛的反應也變成自發性的。當我們的心變強壯時，即使碰到難相處的人，心中也可以生起和善與仁慈的心念。

願我的敵人幸福、快樂與平安。願他們不會遭受傷害、困難與痛苦。願他們一直都能成功。

願我的敵人幸福、快樂與平安。願他們不會遭受傷害、困難與痛苦。願他們一直都能成功。

「成功？」有些人會問，「我們怎麼可能希望敵人成功？如果他們想殺死我們呢？」當我們希望敵人成功時，我們不是指追逐名利的成功，也不是指傷風敗俗與不道德的成功，我們指的是精神領域的成功。我們的敵人顯然在精神上是不成功的，否則，他們就不會做出傷害我們的行爲來了。

想像你的敵人正惡疾纏身

當我們談論我們的敵人時，「願他們成功」，我們的意思是：「願我的敵人們都沒有憤怒、貪欲與嫉妒，願他們平安、幸福與快樂。」爲什麼人會殘忍或刻薄？也許那個人是在不幸的環境下長大的，或者也許那個人有隱情，才造成他或她行爲殘酷。佛陀要求我們把他們想像成被惡疾纏身的人，我們會對生病的人生氣或沮喪嗎？或者我們會同情與悲憫他們？我們的敵人也許比我們所愛的人更需要我們的慈心，因爲他們的痛苦相對而言要大得多。因爲這些原因，我們應該毫無保留地對他們抱持親切的態度，應該像對待最心愛的人一樣把他們放在心中。

佛陀要求我們把他們想像成被惡疾纏身的人，我們會對生病的人生氣或沮喪嗎？或者我們會同情與悲憫他們？

願所有過去傷害我的人都沒有貪欲、瞋恚、厭惡、憎恨、嫉妒與恐懼。讓慈愛的心念擁抱他們、包圍他們。讓每一個細胞、每一滴血、每一個原子，以及整體身心的每

是個會改變你的生命，以及你周遭生命的一種修行方式。

剛開始修行時，你可能會感到有阻力，也許修得很勉強，或者覺得無法生起那些想法。因爲你自己的生活經驗，使你比較容易對一些人感到慈愛，而對另外一些人則比較困難，例如我們很容易對小孩生起慈愛的感覺，對其他人就比較難。注意內心的習慣，學習認出負面的情感，然後設法對治它們。藉由正念，你可以慢慢改變你的反應。

對別人傳送慈心眞的可以改變那個人嗎？修慈可以改變這個世界嗎？當你傳送慈心給遠方的人，甚至陌生人時，你當然無法得知效果如何。但是你可以注意修慈對你自己內心平靜的影響，關鍵在於你自己祝福他人的誠意。事實上，效果是立即的。唯一發現它的方法就是你親自去嘗試。

嚴厲對待，是出於對他們的愛

修慈並非意謂著我們就此不理會別人不好的行為，它只表示我們應該以適當的方式反應這樣的行為。

修慈並非意謂著我們就此不理會別人不好的行爲，它只表示我們應該以適當的方式反應這樣的行爲。有一個名叫無畏童子（Abharaja kumara）的王子，有一天他去找佛陀，並問佛陀是否曾經傷害過別人。這時王子的小孩就在他的膝上。

「王子，假設你這個小孩把木頭放進嘴裡，你會怎麼做？」佛陀問。

「如果他把木頭放進嘴裡，」王子說：「我會用手臂緊緊夾住這個小孩，並把食指伸進他的嘴巴。雖然他會痛苦地哭鬧與掙扎，但是即使他流血，我也要把木頭取出來。」

「你爲什麼會這麼做？」

「因爲我愛我的小孩，我想要拯救他的生命。」他回答。

「同樣地，王子，過去我曾經嚴厲地對待我的弟子們，那並非出於殘忍，而是出於對他們的愛。」佛陀說。

過去我曾經嚴厲地對待我的弟子們，那並非出於殘忍，而是出於對他們的愛。

促使他這麼做的，是慈愛，而非憤怒。

佛陀提供我們五個善待別人的基本方法，這些方法就是五戒。有些人認爲戒律是對自由的限制，但是事實上，這些戒律是在解放我們。它們讓我們免於犯下惡行，造成自己與別人的痛苦。這些準則訓練我們保護別人，使他們免於受到傷害；並且藉由保護別人，我們也保護了自己。這五戒提醒我們不殺生、不偷盜、不邪淫、不妄語或惡口，以及遠離會讓我們喪失正念的麻醉品。

透過禪修開發正念，也能幫助我們以慈心對待他人。在坐墊上，我們觀察我們的心，看著喜歡與討厭生起。我們教導自己，當這些想法生起時，放鬆我們的心，並學習將貪愛與憎惡看成無常的狀態，學習放下它們。禪修幫助我們以新的觀點看世界，並指引我們一條出路。我們愈深入修行，技巧就愈純熟。

看不見生氣背後的其他因緣

當我們對某人生氣時，通常只是針對一些特定的事、幾句粗魯的話、一個特殊的眼神，或者是一個無心的行為，時間一般都相當短暫。

當我們對某人生氣時，通常只是針對一些特定的事、幾句粗魯的話、一個特殊的眼神，或者是一個無心的行爲，時間一般都相當短暫。在我們的心裡，那個人的其他部分都不見了，只剩下啓動我們心中按鈕的那個部分。當我們這麼做時，其實是將整個人很小的一部分抽離出來加以放大，然後予以無限上綱。我們並沒有看見事件背後其他的因素與力量，我們只將焦點放在那個人的局部，也就是會讓我們生氣的那個部分上。

幾年來，我收到許多受刑人來信說，他們想學佛法。當中有些人曾經做過可怕的事，甚至犯下謀殺罪。不過現在，他們的觀點改變了，而且他們還希望改變自己的生活。其中有一封信見解最深刻，並且深深感動我的心。作者在信中描述當警衛出現時，其他囚犯如何對他叫囂和嘲笑。這名囚犯試著向其他人解釋，這個警衛也是一個人，不過其他人都被瞋恨給蒙蔽了。他們只看到制服，而非制服裡面的人。

我是在對他的頭髮生氣嗎？

當我們對某人生氣時，我們可以問問自己：「我是在對那個人的頭髮生氣嗎？或是對他的皮膚生氣？或是他的牙齒？他的頭腦？他的心？他的幽默感？他的溫柔？他的慷慨？他的微笑？」當我們花一些時間整體檢視構成那個人的成分與過程時，我們的憤怒自然就軟化了。透過正念的修行，使我們學會更清楚地了解自己與別人。了解，幫助我們以慈心對待別人。在一些情況，例如央掘摩羅的例子中，我們看不清楚事物眞實的本質。了解「無我」的概念，可以軟化我們心，並且幫助我們原諒別人的惡行。我們學會以慈心對待自己與別人。

我是在對那個人的頭髮生氣嗎？或是對他的皮膚生氣？或是他的牙齒？他的頭腦？他的心？他的幽默感？他的溫柔？他的慷慨？他的微笑？

不過，如果別人傷害你呢？如果別人侮辱你呢？你會想報復，那是正常的人性反應。不過，那會把我們帶到哪裡去呢？「仇恨永遠無法被更多的仇恨所平息。」這句話出自《法句經》。一個憤怒的人只會引來更多的憤怒。如果你以慈心回應憤怒，對方的憤怒就不會增加，也許還會慢慢地消失。「只有慈愛才能平息憤怒。」《法句經》的偈頌接著說。

以暴制暴的反應不是與生俱來

佛陀有一個敵人名為提婆達多（Devadatta）①，密謀殺害佛陀。有一次，他以酒精灌醉一頭大象之後，在預先知道佛陀會出現的時間與地點，將大象放出去。路上的行人都趕緊跑開，每個看到佛陀的人也都警告他要閃避，但是佛陀仍然繼續往前走。他忠實的夥伴——阿難尊者②，想以自己的身體阻擋大象。當阿難尊者站到佛陀前面想要保護他時，佛陀請他讓開；單靠阿難的身體力量當然無法阻止這頭瘋狂的大象。當這頭大象接近佛陀時，牠把頭高高地抬起來，耳朵豎直，鼻子則充滿怒氣地仰天長嘯。佛陀只是站在牠前面散播慈悲的心念，忽然間，這頭象停下原來的腳步。佛陀溫柔地舉起手臂，掌心朝向這頭野獸，對牠傳送慈波。這頭象慢慢跪在他的面前，溫和地像隻小羊。只是靠著慈心的力量，佛陀降伏了這頭狂暴的野獸。

以暴制暴的反應是一種制式的反應，它是學習而來，並非與生俱來的。如果我們從小就被訓練成要忍耐、仁慈與溫柔，那麼慈愛就會變成我們生命的一部分，它會變成一種習慣；否則，憤怒就會變成我們的習慣。但是即使我們已經長大成人，還是可以改變過去的習慣，我們可以訓練自己用另一種方式去反應。

如果我們從小就被訓練成要忍耐、仁慈與溫柔，那麼慈愛就會變成我們生命的一部分。

幫助她了解法，是更有效的懲罰

在佛陀的一生中，還有另外一個故事，教導我們如何對誣衊與侮辱做出反應。佛陀的對手收買了一個名爲旃遮（Ciñcā，意譯爲暴志）的妓女來侮辱與污蔑佛陀。旃遮在腹部綁了一束木材，用粗布蓋起來，看起來就像是懷孕的樣子。當佛陀在對好幾百個人說法時，她來到他面前，指著他說：「你這個無賴，你假裝成聖人對這些人說法，但是看看你對我做的好事！我因爲你而懷孕了。」佛陀既不生氣也沒有恨意，反而以充滿慈悲的聲音，平靜地對她說：「姊妹，妳和我是唯一知道事實的人。」旃遮被佛陀的反應嚇得踉蹌倒退，腹部捆綁木材的繩子因而鬆脫，木材於是散落一地，每個人都看穿了她的花招。觀眾席上有些人起身想要打她，但都被佛陀制止。「不，不，你們不應該那樣對待她，我們應該幫助她了解法，那是更有效的懲罰。」在佛陀教導她佛法後，她整個人都改變了，變得溫和、親切而且慈悲。

當有人試圖讓你生氣或傷害你時，對那個人保持慈心。佛陀說，一個充滿慈心的人就像大地一樣。如果有人想用斧頭或鋤頭消滅大地，一定是徒勞無功的。無論怎麼挖，即使挖一世或好幾世，仍都無法消滅大地。大地依然存在，既不受影響，也不會損傷。一個充滿慈心的人不受

當有人試圖讓你生氣或傷害你時，對那個人保持慈心。

憤怒的影響，就像大地一樣。

請把「惡語」的禮物帶回去

另外，還有一個關於佛陀的故事。有一個人名為「無瞋」（Akkosina），意思就是不要生氣，不過事實正好相反，他經常生氣。當他聽到佛陀從來不對別人生氣時，他決定去拜訪他。他去找佛陀，拿各式各樣的事情大肆批評他，不斷侮辱與詆譭他。在他發完飆之後，佛陀問他是否有任何親戚或朋友。

「有啊！」他回答。

「當你拜訪他們時，你會帶禮物去嗎？」

「當然，」這個人說：「我都會帶禮物去。」

「如果他們不接受你的禮物呢？」佛陀問。

「我會把它們帶回家，與我的家人分享。」

我不接受你今天帶來的禮物，請把它們帶回去給你的家人吧！

「我也一樣，」佛陀說：「我不接受你今天帶來的禮物，請把它們帶回去給你的家人吧！」

佛陀以耐心、機智與慈悲，邀請我們改變我們對惡語這個「禮物」的觀感。

聽到侮辱或生氣的話語，如果我們以正念與慈心來回應，就能把整個情況看得更清楚。也許那個人不知道他在說什麼，也許那些話沒有傷害你的意思，他可能完全是無心或者毫無惡意的。也許那些話剛好觸動你當時的心境，或者你根本沒有聽清楚，也可能誤解了它的意思。仔細思量那個人說話的內容也很重要，如果你氣憤地回應，就無法聽出那些話所要傳達的訊息。也許那個人指出來的事情，是你必須要聆聽與虛心接受的。

我們都碰過會觸動我們內心開關的人。如果沒有正念與慈心，我們就會氣憤地立即做出反應。如果持有正念，我們就可以觀察自己的心是如何對特定的話語和行爲做出回應。就像在打坐時所做的一樣，我們可以觀察執著與反感的生起。正念就像保護我們免於受到惡行攻擊的安全氣囊，給我們時間，讓我們有所選擇。我們不一定要讓感覺席捲吞沒，我們可以用智慧，而非以煩惱做出反應。

慈，保護我們免於傷害

慈不是打坐才能做的事，慈也並非只是一直想，一直想。我們應該讓慈的力量照亮每一次與他人相處的機會。慈是一切正直思惟、語言與行爲背後的根本原則。有了慈，我們可以更清楚認知別人的需要，並欣然幫助他們。有了慈，我們才可以由衷地欣賞別人的成功。爲了與他人和諧地生活及相處，我們需要慈。慈保護我們免於受到憤怒與嫉妒的傷害。當我們開發慈、悲、喜、捨之心時，不

有了慈，我們可以更清楚認知別人的需要，並欣然幫助他們。

當我們開發慈、悲、喜、捨之心時，不只讓周遭的人更加愉悅，也讓自己的生命變得更加祥和與快樂。

只讓周遭的人更加愉悅，也讓自己的生命變得更加祥和與快樂。慈的力量，就像太陽的光輝一樣，是無邊無量的。

慈的願望……

願一切被合法或非法囚禁的人，世上所有被警察監管的人，都能得到平安與快樂。願他們脱離貪欲、瞋恚、仇恨、嫉妒與恐懼。讓他們的身心都充滿慈愛，讓慈愛的祥和與平靜浸透他們的整個身體與心靈。

願一切在醫院被各種疾病折磨的人，都能得到平安與快樂。願他們都能遠離痛楚、苦惱、沮喪、失望、焦慮與恐懼。讓這些慈念擁抱他們、包圍他們，讓他們的身心都充滿慈愛。

願一切遭遇產痛的母親都能得到平安與快樂。讓每一滴血、每一個細胞、每一個原子、身心的每一個元素都注入這些慈愛而獲得充實。

願一切獨力照顧子女的單親父母都能得到平安與快樂。願他們擁有耐心、勇氣、了解與決心，以面對並克服生命中無法避免的困難、問題與失敗。願他們都幸福、快樂與平安。

願一切被成人以各種方式虐待的小孩都能得到平安與快樂。願他們都充滿慈、悲、喜、捨之心。願他們都和善，願他們都放鬆。願他們的心都變柔軟，願他們的言語悅耳，願他們遠離恐懼、緊張、焦慮、憂心與不安。

願一切統治者都溫和、善良、慷慨與慈悲。願他們了解被壓迫者、社會地位低下者、受差別待遇者與貧困者的處境。願他們的心都能融入不幸人民的痛苦中，讓這些慈心擁抱他們、包圍他們。讓每一滴血、每一個細胞、每一個原子、身心的每一個元素都注入這些慈念而獲得充實，讓慈心的祥和與平靜浸透他們的整個生命。

願受壓迫者、社會地位低下者、受差別待遇者，以及貧困者，都能得到平安與快樂。願他們都能遠離痛楚、苦惱、沮喪、失望、焦慮與恐懼。願十方世界所有人都能幸福、快樂與平安。願他們擁有耐心、勇氣、了解與決心，以面對並克服生命中無法避免的困難、問題與失敗。願這些慈心擁抱他們、包圍他們。願他們的身心都充滿慈愛。

願世上形形色色一切眾生，無論是兩足、四足、多足或無足，胎生或卵生，此世或來世，都擁有快樂的心。願各處都沒有欺騙與鄙夷，願沒有人想傷害別人。願我對一切眾生開發出無量慈心，沒有憎恨或憤怒，無所罣礙。願一切眾生都能解脫痛苦，達到究竟涅槃。

願我對一切眾生開發出無量慈心，沒有憎恨或憤怒，無所罣礙。願一切眾生都能解脫痛苦，達到究竟涅槃。

一個元素都充滿慈愛。願他們放鬆他們的身體，願他們放鬆他們的心，願他們的身心都充滿慈愛，讓慈愛的祥和與平靜遍布他們的生命。

修慈可以改變負面思考

修慈可以改變負面的思考習慣，增加正面的思惟。當我們修慈時，我們的心會充滿平安與快樂。我們會放鬆，並獲得禪定。當我們的心平靜與祥和時，憎恨、憤怒與反感都消失了。不過，慈不只侷限在我們的思惟裡，我們還應該在說話與行動中把它表現出來，我們不可能在與世隔絕的情況下修習慈心。

你可以從思惟每天接觸每一個人的親切念頭開始。如果你持有正念，就可以在每一個與人接觸的清醒時刻完成修慈。每一次你看到某人時，就設身處地地想，那個人和你一樣希望離苦得樂。我們都是那樣感覺的，一切生命的感覺都一樣，即使是最小的昆蟲也害怕受到傷害。當我們接受這個基本信念時，就會了解彼此之間是如何緊密地連結在一起。那個在櫃台後面的女人、在高速公路上開車經過你的男人、走在街道上的年輕情侶，以及在公園裡餵魚的老人。每一次你看到另一個人，看到任何一個人時，都要把這點謹記在心。希望他們都能快樂、平安與幸福。這

我們都是那樣感覺的，一切生命的感覺都一樣，即使是最小的昆蟲也害怕受到傷害。

慈心將所有的人緊密結合在一起

慈心超越一切宗教、文化、地理、語言與國籍的限制，它是普遍而古老的法則，無論我們的身分與地位如何，它把我們所有人緊密結合在一起，我們應該無條件地修習慈心。敵人的痛苦就是我的痛苦，他的憤怒就是我的憤怒，他的慈心就是我的慈心。如果他快樂，我就快樂；如果他平靜，我就平靜；如果他健康，我就健康。就好像不管彼此有何差異，我們都一起承受痛苦一樣，我們應該把慈心與十方一切衆生一起分享。沒有一個國家可以不需要其他國家的支持與協助而獨自存在，也沒有一個人可以與世隔絕而獨活。爲了生存，我們需要其他生命，與我們有根本差異的生命。事情就是如此，因爲差異的存在，修慈是絕對需要的。慈心，把一切生命結合在一起，當然包括你我在內。

注釋

①提婆達多，梵名 Devadatta，巴利名同，又叫做提婆達兜、地婆達多。意思翻譯過來就是天熱、天授、天與。他是破壞僧團、與佛陀敵對的惡比丘。是釋迦牟尼佛叔父斛飯王的兒子，也是阿難的兄弟。年幼時，他跟釋迦牟尼以及阿難常一起學習各種技藝，他的技藝尤其精湛，常要跟釋迦牟尼競爭。佛陀成道後，跟著隨佛陀出家，在十二年間善心修行，精勤不懈。後來卻因未能得聖果而開始漸漸生出惡念，他想學神通而得到供養，佛陀不許，於是他便自行到十力迦葉那裡學得神通力，受摩揭陀國阿闍世太子的供養。從此之後，提婆達多益發驕傲自大，想要代替佛陀領導僧團，但也沒

得到佛陀允許。然後，他便提婆率領五百名徒眾脫離僧團，自稱大師，制定了五法，想要以此快速求得涅槃之道，最終破壞了僧伽的和合。

②阿難，佛陀十大弟子之一，全稱阿難陀。意譯為歡喜、慶喜、無染。他是佛陀的堂弟，出家後二十餘年間都是佛陀的常隨弟子，記憶力極佳，對於佛陀的說法多能記誦，故譽為「多聞第一」。阿難天生容貌端正，面如滿月，眼如青蓮花，他的外表光淨得有如明鏡一般，所以雖然已出家為僧，還是常常有婦女想誘惑他，然而阿難志操堅固，終得保全梵行。他在佛陀生前未能開悟，佛陀入滅時悲而慟哭；後來受摩訶迦葉的教誡，發憤用功而開悟。

善知識系列 JB0012X　平靜的第一堂課——觀呼吸

作　　者	德寶法師
譯　　者	賴隆彥
封面設計	周家瑤
總 編 輯	張嘉芳
編　　輯	丁品方
業　　務	顏宏紋
出　　版	橡樹林文化 城邦文化事業股份有限公司 104 台北市民生東路二段141號5樓 電話：(02)25007696　傳眞：(02)25001951
發　　行	英屬蓋曼群島商家庭傳媒股份有限公司城邦分公司 104 台北市中山區民生東路二段141號2樓 客服服務專線：(02) 25007718；(02) 25001991 24小時傳眞專線：(02) 25001990；(02) 25001991 服務時間：週一至週五上午09:30-12:00；下午13:30-17:00 劃撥帳號：19863813；戶名：書虫股份有限公司 讀者服務信箱：service@readingclub.com.tw
香港發行所	城邦（香港）出版集團有限公司 香港灣仔駱克道193號東超商業中心1樓 電話：(852)25086231　傳眞：(852)25789337 Email: hkcite@biznetvigator.com
馬新發行所	城邦（馬新）出版集團【Cité (M) Sdn.Bhd. (458372 U)】 41, Jalan Radin Anum, Bandar Baru Sri Petaling, 57000 Kuala Lumpur, Malaysia. 電話：(603) 90578822　傳眞：(603) 90576622 Email：cite@cite.com.my
印　　刷	中原造像股份有限公司
初版 1 刷	2003年 6 月
二版 1 刷	2012年 6 月
二版 6 刷	2021年 10 月
	ISBN 986-7884-15-9
定　　價	280元

城邦讀書花園
www.cite.com.tw

國家圖書館出版品預行編目

平靜的第一堂課——觀呼吸／德寶法師(Bhante Henepola Gunaratana)著：賴隆彥譯. -- 初版, --臺北市：橡樹林文化出版：城邦文化發行，2003〔民92〕

面； 公分. --（善知識系列：12）

譯自：Mindfulness in Plain English

ISBN 986-7884-15-9（平裝）

1.佛教—修持

225.7 92007554